JN313013

天皇家とユダヤ

失われた古代史とアルマゲドン

「サイエンスエンターテイナー」
飛鳥昭雄
Akio Aska
×
「日ユ同祖論」解説者
久保有政
Arimasa Kubo

明窓出版

■天皇家とユダヤ　失われた古代史とアルマゲドン　目次■

第2章　秦氏とキリストの秘密が日本に隠されていた！

第3章　アミシャーブの調査と秦氏と天皇家の秘密

第4章　秦氏と景教徒はどう違うか

まえがき

飛鳥昭雄（サイエンス・エンターテイナー）

筆者（飛鳥昭雄）が久保有政《ありまさ》氏と初めて会ったのは、かれこれ十数年前、いや20年前になるかもしれない。確か、学研パブリッシングの『月刊ムー』編集長と一緒に会った記憶がある。

当時、久保氏は『レムナント』というプロテスタント系の会報誌を発行されていた。毎号送っていただき、仕事の参考にしていた。

久保氏とは「日ユ同祖論」（日本人とユダヤ人［古代イスラエル人］は共通の先祖を持つという説）で意気投合し、宗派の壁を越えたお付き合いをしている。しかし久保氏は、そのスタンスからプロテスタント教会に異端視され、かくいう筆者も、末日聖徒《まつじつせいと》イエス・キリスト教会の日本人教会指導者の一部から異端視されてきた。

互いに異端児同士だったことも、付き合いを長く続けるエネルギー源になったのかもしれないが、少なくとも、筆者の所属する教会のアメリカ人教会指導者たちは逆で、筆者を異端視する者はいなかった。

アメリカの教会指導者は、ある意味、日本の教会における「パラダイム・シフト」を期待しているようにも感じられる。日本の最高神である天照大神がイエス・キリストだと判明すれば、日本での伝道が一気に進むからである。

しかし、それとは対照的に、先駆者的存在であるプロテスタントの畠田秀生《はたけだひでお》牧師の苦難は大変なものだった。彼は、最初に日ユ同祖論を伝道に用いることに気付いたパイオニア的存在で、意気揚々と海を渡り、若い頃に所属していたニュージーランドの教会指導者に、日本における最新伝道方法を持ちかけたところ、門前払い同然にされたという。

「日本人は猿まねが上手なので、聖書の真似をしたにすぎない」と言われたというのだ。畠田氏は異端者扱いされ、悔し涙を噛みしめて帰国することになった。

今回、畠田氏とのエピソードも登場するが、全体的に宗派や教義の壁を越えたパラダイム・シフト満載の内容になっている。開拓者は苦労を余儀なくされるのが常で、最初に井戸を掘るのは尋常ではなく大変なことだ。

しかし、そこから汲み出された水はやがて大地を潤《うるお》し、多くの人の命を助けることになる。それを思えば苦労などどうでもいいことなのかもしれない。おそらく畠田氏や久保氏もそう考えておられると思う。

この本は、そういう意味で異端中の異端の内容かもしれない。しかし、とにかく忘れてはならないのは、日ユ同祖論に最初に気付き、それを世界に向けて公表したのは、幕末期に日本を訪れた外国人だったということである。つまり、日ユ同祖論は決して狭い島国根性から登場した代物ではなく、グローバルスタンダード的見地から登場した世界的視野をもった説だということを忘れないでほしい。

第1章　伊勢神宮と熱田神宮と籠神社に隠された天皇家の秘密

ユダヤ人を諏訪の守屋山に連れていくとみんな仰天する

飛鳥昭雄　まず、大方の日本人が勘違いしているのですが、日ユ同祖論というのは日本人が勝手に言い始めたものではありません。久保先生、最初に言ったのは外国人ですね？

久保有政　そうです。ドイツの博物学者エンゲルベルト・ケンペル（1651〜1716）とか、スコットランド人のノーマン・マクレオド（生没年不詳　1868〜1887年頃活躍）、またユダヤ人のラビ・サミュエル・グリーンバーグ、ヨセフ・アイデルバーグ（1916〜1985）、ラビ・マーヴィン・トケイヤー（１９３６〜）などですね。

飛鳥　誰が言い出したか分からないような、いかがわしい話ではないのです。それをまず、確認しておきたいと思います。

例えば、僕は久保先生の本の内容で、すごいと思ったのは、長野県の諏訪大社の儀式の話です。少し、お話し願えますか。

久保　ユダヤ人の友達やラビが日本に来たら、私はだいたい、諏訪大社に連れていきます。諏訪大社は、守屋山《もりやさん》の麓にあります。そこでイサクの祭りが行われたという話をして、実際にその祭り自体を説明すると、彼らは驚くんですね。

聖書の創世記に、次のような話があります。イスラエルの父祖アブラハムが息子のイサクを神に捧げようとしてモリヤの山に向かいます。イサクを殺そうと刀を振り上げたとき、天使が現れてその行為を止めます。

そこで、子羊を代わりに捧げ、アブラハムはそれ以後、神様の祝福を受け、イスラエル民族につながっていくという、旧約聖書の創世記22章にある非常に有名な話です。イスラエル人の中でも、大切な記憶として語り継がれてきたものです。

その言い伝えを祭りにしたものが諏訪大社に伝わっていると、ある研究家が本に書きました。清川理一郎さんの、『諏訪神社　謎の古代史』（彩流社）という本です。

私も自分で調べてみました。諏訪大社は実際に、守屋山という山の麓にあります。守屋といえば、エルサレムの神殿のある丘もモリヤですね。昔、アブラハムがイサクを捧げた場所です。

毎年、諏訪では4月15日に御頭祭《おんとうさい》という祭りが行われています。明治時代初頭まで毎年、15歳以下の少年が、御贄柱《おにえはしら》という一本の柱に縄でくくりつけられ、むしろの上に横たえられました。

諏訪大社前宮の近くにある「神長官守矢史料館《じんちょうかんもりやしりょうかん》」という所に刀が展示してあります。祭りのときにはその刀を1人の神官が持ち、くくりつけられた少年の頭の上の部分の御贄柱に2、3回、傷をつけました。そのとき、別の神官が馬に乗って鈴を鳴らしながら現れるんですね。

諏訪大社の御頭祭で使われる御贄柱（神宮の前に置かれているもの）

すると、刀を振り上げていた神官は動きを止め、その少年は解放されるというものです。

これが聖書に載っているアブラハムと少年イサクの話にそっくりなんですよ。しかも諏訪の地方では、解放された少年は祝福の基《もとい》となります。だからその少年は、馬に乗ってあちこち巡って大歓迎を受けるのです。

それもやはり、聖書と同じなのです。イサクもやはり、命が助かってからは祝福の基となって、彼から息子のヤコブが生まれ、ヤコブからイスラエル民族が生まれて、全世界が祝福されます。だから御頭祭についてユダヤ人に説明すると、みんな驚くのです。

また、諏訪大社で古来行われてきた重要神事の舞台に、十間廊《じっけんろう》がありま す。大きさを測ってみましたが、昔のユダヤの幕屋《まくや》（聖書に登場する移動式の神殿）とほとんど一緒なんですね。形や東西南北に対する建物の向きも一緒で、用途も同じです。

古代イスラエルの幕屋は入口が東側にあって、一番大切な物を置く至聖所《しせいじょ》という神聖な場所が西側にあったのですが、十間廊も同じなんです。十間廊も、一番奥の部分がちょっと高い段になっていて、御頭祭のときにはそこにお神輿《みこし》を置くんです。

昔のユダヤの幕屋とほとんど同サイズの十間廊

ユダヤの幕屋も昔、一番奥の神聖な場所に契約の箱というものを置いていました。また十間廊のお神輿の前で、神主がお祈りをして祝詞《のりと》をあげます。その祝詞がまた、昔の言葉でわかりにくいのですが、現代語訳してみると、聖書の詩篇などの内容にそっくりなんですね。
そういったいろいろなものをユダヤ人に見せて話すと、やはり日本にイスラエル民族がやってきて、神道の風習や祭りのルーツとなったものを残したのではないかと思うようです。
「イスラエルの失われた十部族」（旧約聖書に記されたイスラエルの十二部族のうち、行方が知れない十部族のこと）の研究家で世界的に有名なラビ・エリヤフ・アビハイルや、またリービットさんという学者も連れていきました。リービットはレビ人のことで、レビというのは昔イスラエルで祭祀をやっていた人たちをいいますが、彼はその子孫です。

　最近新しく本を出版した、アビグドール・シャハン博士も連れていきました。

飛鳥　シャハン博士は先日（２０１３年３月）、日本に来て神戸と東京で講演会を開きましたね。

久保　はい、すばらしい講演会でした。日本人に対し、「エフライム（イスラエル十部族の王家の部族）の皆さん！」と語りかけていたのが印象的でしたね。

　シャハン博士は、

「中国の開封《カイフォン》では、私はアシェル族の子孫を見つけました。ウズベキスタンでは、ダン族とゼブルン族の子孫の足跡を見つけました。ヒマラヤ山麓ではメナシェ族（いずれもイスラエル十部族に属する部族）、そして日本ではエフライム族を発見したのです」

と語りました。この講演会は、シャハン博士の書かれた『古代日本に辿り着いたユダヤ人　失われた十部族の足跡——イスラエルの地から日本まで』（神戸平和研究所 http://www.kobe-heiwa.com/sokai.html）の

「古代日本に辿り着いたユダヤ人　失われた十部族の足跡」の表紙

日本語版出版を記念して開かれたのですが、この本がまたすごいんです。約3分の1ものページ数が、日本に関する記述に当てられているんです。アマゾンでも買うことができます。

4年前（2009年）に私はシャハン博士を諏訪大社にお連れしました。彼は私の説明を聞いて、いろいろメモしていましたよ。

飛鳥　シャハン博士は、イスラエルでいえば大学を統括する教授のトップですね。

久保　歴史学の教授です。もっといえば、文科大臣にも近いような立場の方です。

飛鳥　久保さんは牧師であるとともに「日本イスラエル親善協会」の理事でもあり、日本とイスラエルの間を取り持つ立場にあるんですよね。昔なら日ユ同祖論の話なんてすると白い目で見られたものですが、久保さんにとってはもうそんなことはないという感じですか？

久保　はい、「日本イスラエル親善協会」の名刺を出すと、みんな黙ります（笑）。それは冗談ですが、親善協会はみな、イスラエル好き、ユダヤ好きの人間の集まりです。

優秀な人が多いんですが、立場はいろいろで、日ユ同祖論に関しては賛成の人も懐疑的な人もいます。だから組織としては日ユ同祖論とは無関係です。

シャハン博士と飛鳥昭雄氏

協会では友好や産業の交流などが主です。私もイスラエルと日本の間で何らかの架け橋となりたいという気持ちで、理事の仕事をお受けしました。

でも最近、ラビ・トケイヤーや、ラビ・アビハイル（イスラエル十部族調査機関アミシャーブ代表）、シャハン博士など、偉い立場のユダヤ人が、「古代日本にイスラエル人がやってきて、日本の伝統文化の中枢をつくった」と語り始めていますね。また、みのもんた氏のテレビ番組で取り上げられたりしたので、確かに一般の人々の目線もだいぶ変わってきましたね。

ラビ・アビハイルと飛鳥昭雄氏。2006年、アビハイル師の自宅を訪れたときのショット

今まではおかしなことをやっている変な牧師と見られていましたが（笑）、だいぶ状況はよくなってきました。先日も日本のキリスト教会の重鎮といわれる牧師が――この方は日ユ同祖論に関しては懐疑的でしたが――シャハン博士の講演会に来られて、そのあと、にこやかに私の肩を叩き、「いやあ、久保先生の主張が最近大きく広まってきたね。これからはこの話題も真剣に取り上げないとなあ」と笑っておられました。

諏訪大社の御頭祭で鹿75頭が生贄になるが、75はイスラエル十部族特有の数字

飛鳥　諏訪大社の御頭祭のときに、御贄柱という少年をくくりつけるための柱があるんですが、柱の上部が三角形になっていて、ちょうどオベリスクの形をしているんですよね。

久保　オベリスクといえば、古代エジプトのものですね。

飛鳥　なぜあの形なのかというと、ヘブライ人はもともと、古代エジプトにいたからです。要は、諏訪の土地でも血の儀式をやっていたのです。御頭祭は、鹿の首を捧げる儀式でしたね。

久保　75頭の鹿が生け贄とされ、その首が飾られます。鹿はあとで皆で食しました。明治4年以降は、剥製《はくせい》の鹿の首を使っています。

飛鳥　この75頭という数は、サマリア（イスラエル十部族の故郷）から来ているんでしょうか？

久保　そう思います。75は、実は古代イスラエルの失われた十部族に伝わるとても重要な数字なんです。

　私たちの持つ旧約聖書には、イスラエルの父祖・ヤコブがエジプトに行ったとき、70人の家族を連れて行ったと書かれています。ところが、新約聖書を見ると、ステパノというキリストの弟子が昔のことをいろいろと語っている中で、ヤコブは75人の家族と一緒に行ったと言っているんですね。これは一見、矛盾するように見えますが、実はそうではないのです。

ステパノはギリシャ系ユダヤ人でした。ギリシャ系ユダヤ人は『七十人訳聖書』というのを読んでいたのですが、これは、旧約聖書のギリシャ語訳です。

旧約聖書はヘブライ語で書かれていますが、それをギリシャ語に訳したものです。その『七十人訳聖書』を見ると75人と書いてあるわけです。また『七十人訳』だけでなく、『サマリア聖書』というものもあって、これにも75人と書いてあるのです。

サマリアとは昔イスラエル十部族がいた土地です。今もそこに十部族の子孫が住んでいますが、彼らに伝わる旧約聖書が『サマリア聖書』なんです。

今、日本で読まれている日本語の聖書は、南王国ユダのユダヤ人が使っていた聖書を日本語訳したものなんです。一方、イスラエル十部族の人たちには、75という数字で伝わっていました。

つまり当時、2つの数字があったようで、75人というのはイスラエルの十部族の頭に入っていた数字なのです。たぶん、70も75も両方正しかったのだと思います。というのは、妾《めかけ》の数まで数えるかどうかという問題もありますからね。

飛鳥　そうでしょう。数え方によりますね。

久保　数え方によっては両方正しかったと思いますが、**重要なのはイスラエルの十部族の人たちが使っていたのが75という数字だったということですね**。中国や朝鮮半島には、75に特別な意味はありません。

ところが、先ほど述べたアビグドール・シャハン博士にその75という数字について話したら、中国の開封という所に、紀元前3世紀くらいからユダヤ人が住んでいたといわれており――彼らはイスラエルの失われた十部族の子孫とされていますが――そこでは75に特別な意味があったと言っていました。75の家族がシナゴーグ（ユダヤ教の会堂）を守っていたそうです。

また、四国の剣山《つるぎさん》の麓に、神明《しんめい》神社という古い礼拝所がありますが、昔は75人の人たちがそこを守っていたそうです。

飛鳥　やはり、イスラエルに関係があるところは75という数字が特別な意味を持っているからこそ、諏訪大社でも75頭の鹿を捧げていたんでしょうね。しかも、年に75もの儀式を行っていたと書いてあるじゃないですか。

久保　やはり、75にこだわりがあるんですね。

飛鳥　ユダヤにはゲマトリアという数秘術があります。要するに数字を足していくんですね。75は、7足す5で12になります。この12というのが、12使徒もそうだし12支族とか、要になっています。12もまた足しますと、1足す2で3になり、父と子と聖霊（＝神、イエス、聖霊）の3になります。ところが、75は、絶対に足しても引いてもだめなのです。75というのは、ユダヤの場合は必ずワンセットです。

サマリアというのは、一般的にはあまり馴染みがないかもしれませんが、彼らは混血した民族ですね。

久保　ほとんどがそうですね。

飛鳥　だから捕縛された後で戻ってきましたが、他の民族と結婚したりしており、いわゆる純血ではないのです。ユダヤ人から見ると、サマリア人は純粋なユダヤ人ではないということです。

そのために差別されていました。彼らも儀式をやっていましたが、そのときも動物は75でしたか？

久保　ある研究家の方から、昔は75頭の羊を捧げていたと聞きました。サマリア人が過越《すぎこし》の祭りをするゲリジム山という場所があるのですが、そこに行った日本人が、大祭司に、捧げている動物の頭数を聞いたところ、今は40数頭だが、昔は75頭捧げていたと言ったそうです。

飛鳥　これは大変なことですよ。**諏訪大社の儀式が、ものすごく古くから伝わるユダヤの思想を、明治時代まで受け継いでいた**ということになるわけですから。

久保　そうですね。他にどこか75を大切にしているグループがあるかといったら、ないでしょう？

やはりイスラエルの失われた十部族しかないのですよ。

飛鳥　ついでにもう1つ言うと、70という数字にも、実はユダヤ的には非常に重要な意味があります。70は7と0ですよね。

一週間は7日で、旧約でいうと神の業《わざ》は7日目に休まれているのです。いわゆる安息日ですが、これはカレンダーなどにものすごく関係してくるのです。
日本では10月くらいから翌年のカレンダーを販売しますが、あれには2種類があります。システム手帳などもそうです。一週間が日曜日から始まるのは、新約聖書タイプですね。

久保　そうですね。

飛鳥　僕らが育った時代には、カレンダーは月曜日始まりでした。月、火、水、木、金、土、日でした。最後の7日目に休むと、小学生のときからずっと教わっていました。だから今も日曜日から始まるカレンダーには、多少違和感があります。
旧約の観点では、月、火、水、木、金、土、日なのです。日曜日から始まるのは、新約です。キリストが復活したときから数えるからですね。おもしろいことに、日本ではその2種類のカレンダーが同時に出るんですね。
比率的には日曜日の方が多くなってきましたが、これは大変なことなんですよ。しかし、弊害として、僕のような世代と今の若い子たちが、「来週」というと、合わなくなってくるんです。

久保　何日ってはっきり言わないといけませんね。

飛鳥　そう言わないと、一週間ずれたりしてね（笑）。
旧約タイプが残っているのは、僕の知るかぎり日本だけです。アメリカでは全部日曜日始まりです。旧約と新約の両方が存在しているということは実は大変なことなんです。**日本の根幹部分に、**

旧約タイプと新約タイプの両方があるということになるんですから。

なぜカレンダーが、月、火、水、木、金、土、日となっているかというと、全部天体の名前ですね。日曜の太陽、月、火星……最後は土星ですよね。

これらを七曜《しちよう》というのですが、すべて地球から見える天体の名前なのです。昔の人は土星まで見えたんですね。

例えばオーストラリアへ行くと、アボリジニの人は地平線にちょっと人の顔が見えただけで、「ああ、どこの誰が帰ってきた」と分かるのです。私たちには絶対に判別できませんが、彼らには見えるんですね。視力3・0以上というのが当たり前だったのです。

久保　現代の文明人では考えられませんね。

飛鳥　だから昔の人は土星まで見えたというのも不思議ではありません。

つまり、今の学者たちが、エアコンが効いた部屋でふんぞり返って、「昔の人は知識も教養もなかったんだから、天体について知っていたはずがない」なんて、本当に言えるだろうかということなんです。

その時代にはその時代で優秀な人がいて、正しい知識を持った人たちが書き残した物があるわけです。それを自分たちの解釈と違うからといって、簡単に切り捨てたりするのを、机上の空論と言うんですね。

今はどちらかというとそういう彼らがアカデミズムを支配しているので、どうしても一般的な説はそっちの方に行ってしまいがちです。けれども私は、火のない所に煙は立たないと思っています。

日本とユダヤに共通する「3」の秘密

飛鳥　日ユ同祖論についても、本当はすごく簡単な話なんですよ。江戸時代から幕末期にかけて、貿易商などがたくさん来ていました。そのとき彼らはバイブルを持っていました。

まだイスラエルは建国されておらず、国がなかったんですね。だから彼らは、聖書しか知らないわけです。

これを持ってきた人たちが、日本人の風俗習慣を見て、おっ、賽銭箱《さいせんばこ》にお金を投げ込んでるって、本に書いたわけです。

新約聖書に、イエス・キリストが賽銭箱の脇に隠れていて、わずかだけれどもお金を投げ込んだ婦人を見て、あれは彼女の全財産であると言っているところがあります。そこに、賽銭箱って書いてあるんです。もっと前にも、皆が賽銭箱めがけてお金を投げ込んだ、と書かれた箇所もあります。

その賽銭箱ができた由来というのがおもしろいんですね。当時の第二神殿であるヘロデ神殿が傷んできたので、それを修繕するために神殿の前に賽銭箱を置いたというのです。

賽銭箱のサイズは、アークのサイズに合わせたものだったんですね。民衆が投げ込んだたくさんのお金によって、神殿は修復されたのです。

今でも神社は賽銭箱のお金を、神社の修復などに使っていますね。

久保　そうですね。

飛鳥　これは、見逃すべきところではないですよ。賽銭箱については、聖書に何ヶ所も出てきます。皆がお金を投げ込んでいたと書いてあります。

後に、「金属の受け皿が……」としているところもありますが、基本的には箱です。でもローマにあったといわれる賽銭箱は破壊されてしまったから、残念ながら出てきません。ところで、ソロモン神殿は石で作られていますが、中はレバノン杉なんですよね？

久保　そう、レバノン杉です。

飛鳥　ソロモン王は、自分が住む宮殿は石で造ったものだから、その頃の一部の記録に、「ソロモンは自分の住まいは石で作ったのに、神の住まいは木で造ったと揶揄《やゆ》された」とあります。でも、あれはそういうふうに造りなさいと言われていたから、そうしただけなんですよね。

久保　ソロモン神殿は外から見ると石造りなんですが、中に入ってしまうと木しか見えなかったと書いてあります。内部は全部レバノン杉で、そこに金箔を貼っていました。

また、一番最初のモーセの幕屋も、アカシヤの木でできているんですよ。日本の神社も、全部木ですよね。

飛鳥　そうですね。

それから、今は日本の神社では二礼二拍手一礼をしますよね。でも、調べてみたら、以前は三拍だったんです。

久保　そうですか。

飛鳥　三人の神様のために、三拍打っていました。

久保　それはおもしろいですね。

飛鳥　ところが明治以降、国家神道というのが立ち上がりますね。これは、一番新しい神道です。いわゆる神道の世界からいうと、新参者ですよ。

要は徳川幕府という長く続いた強力な政権に対し、明治新政府が同じようなパワーで押すには、まず天皇陛下をお連れしなくてはいけないわけです。それで、新たな国家神道を作ることになったときに、二礼二拍手一礼に変えたんですよ。

久保　その前は三拍だったわけですね。それはすごい話です。

飛鳥　伯家《はっけ》神道というんですが、天皇家の神道ですね。もともとは平安時代の花山《かざん》天皇をはじめとした南朝系の天皇家の一族が興したのが伯家神道なんですが、そこでは未だに三拍です。つまり、三柱の神ですね。

久保　神道では造化三神《ぞうかさんしん》といって、最初に出て来たのは3人の神様ですからね。天之御中主《アメノミナカヌシ》、高御産巣日《タカミムスビ》、神産巣日《カミムスビ》ですね。

飛鳥　古事記と日本書紀では名前は違うんですが、結局同じなんですよ。両方、三神とあります。古事記を見ると、原初《げんしょ》三神はそれぞれが独り神と書いてあります。日本書紀の方には、それぞれが男神と書いてあります。

祝い事のときには、その3と3ということでお正月には必ず左右に角松を立てます。女性は象徴的に、三つ指（親指、人差し指、中指）を立てるわけです。

昔は、神主さんも祈祷のときに三つ指で三角を作って額にあてていたんですよ。あの三つ指って、三角なんですよね。これを額にあてます。だから天界の原初三神――キリスト教でいえば、父と子と聖霊――の所へ戻るために、額に三角巾をあてるのです。

久保　おばけみたいですね（笑）。

飛鳥　そうです。あれは仏教ではないんですね。神道の儀式からきているんです。

久保　三角形ですものね。

飛鳥　頭の一番上にある部分ですから、天界の一番の高みにある神々ですね。それで、カミムスビのムスビから、おむすびも三角形になったんです。

久保　なるほど（笑）。

飛鳥　駄洒落っぽいんですが、この**駄洒落の中に実は真実が隠されているんですよ。**

　例えば、オリンピックでイチローがカーンとヒットを打つと、みんなが「よっしゃーっ」て言いますよね。あれ、「ヨシアー」って叫びですからね。ヨシアというのはヘブライ語で「勝利」という意味があるんですね。よっしゃー。

　だから日本人はけっこう知らないうちにヘブライ語を使っているんですが、あまりにも多すぎて自分たちでは分かっていません。

久保　あるユダヤ人から聞いたんですが、ユダヤの祭司たちにも、両手の親指をくっつけて三つ指を立てるのに似た手の形をつくる秘密の儀式があるそうです。両手に布をかぶせるので見えないけれども、たぶん三角形をつくるのじゃないかな。

　また、3という数字について、キリスト教には三位《さんみ》一体という言葉がありますね。以前、私はユダヤ教ではその3は使わないのかと思っていたんですよ。

　ユダヤ人に聞いてみたら、3というのはユダヤ教でも大切な数字だと言うんですね。イスラエル民族においても、3というのは大切にしていた数字のようです。

仏教でも3は重視されている！　写真は法隆寺の釈迦三尊像

つまり、神道の造化三神というのは、キリスト教の三位一体の影響だという説が一番有力ですが、ユダヤ教でも3というのはやっぱり重要なようなので、その影響もあるのかもしれません。

だから、やっぱり日本にはそうしたユダヤの伝統というものが流れているなと思います。神社の風習にしても、神話においても、ああ、これは旧約聖書からきているのではないかというものがたくさんありますすね。

飛鳥　仏像を見ても、三つどもえなんですよ。なぜか3体あるんですよね。法隆寺の釈迦三尊像とか、3というのはすごく多いです。

ただし、飛鳥昭雄のスタンスは三位一体ではなく「三位三体」です。だから三角形が構築できると考えます。「古事記」には「それぞれが独神」とある以上、ユダヤ密教の「生命の樹（命の木）」と同じく、実際は三神が奥義と考えます。

ついでにいうと、3の次は4ですが、日本では4はちょっと嫌われる数字ですよね。

久保　ええ、死を連想させますからね。日本語だけのことですけれど。

飛鳥　欧米へ行くと13を嫌いますよね。ビルに寄ったら13階がなくて、そこにはエアコン等の設備が置いてあったりします。

これは実は、先ほどの「ゲマトリア」に関係するんです。1と3を足したら4になりますよね。実は世界中が、同じ数字を恐れているんです。恐れているというよりも、まあ、畏敬の念ですね。

畏怖すべき存在だから、むやみに近づいちゃいけないっていうのがあるんです。

ノストラダムスの予言は当たっていた！

飛鳥　4は聖書でいえば、メルカバです。

現代イスラエル軍の戦車で、「メルカバ」というのがあるのですが、これがとても性能が良いんですね。パウダー状の砂を吸い込んでも止まりません。アメリカの戦車に比べても十二分に太刀打ちできるという戦車で、世界で一番優秀だと言う人もいるくらいです。

「エゼキエル書」に登場するメルカバ（670年制作の彫版画）

「メルカバ」とはもともと、天と地を往復する、四角形の車輪が付いている乗り物で、4つの顔があります。人の顔、牛の顔、ライオンの顔と鷲の顔ですね。

久保　聖書に出てくるものですね。

飛鳥　そうです。黙示録に出てくるんですよ。これが降りてくることは、すでに黙示録で予言されているんですね。これの決定的なものが話題になった2012年12月21日なんです。

12宮図

でもその少し前、実は1999年の第7の月にこの地球に降りてきているんです。だから、「大きな天変地異がなかったじゃないか、ノストラダムスの予言は外れた」と言われていますが、天変地異がなくて当たり前なんです。あれは象徴なんだから。

実は、そのメルカバを具体的にしたのがスフィンクスです。顔が人で、胴体が獅子で、尾が牛なんですよ。

実はあの大スフィンクスは、かなり壊れてしまっていて原型からはほど遠く、元は石灰岩だったんだけど、周りを花崗岩のブロックで修復して、復元してあるんですね。**元は羽がついていた**んです。

なぜそう言えるかというと、メソポタミアの全域にあるスフィンクスというのは人頭有翼《ゆうよく》獣像だったりといろんなのがあって、メソポタミアにある全部のスフィンクスに羽がついています。

スフィンクスが旅人に「最初は4本足で、その後2本足になって、最後は3本足になるもの何だ?」と質問を投げかけたときに、旅人は正解の「人間」と答えられたから助かりましたが、答えられなかったら食い殺されたといわれています。

そのスフィンクスに羽があったということは鷲《わし》ですよ。これを、ホロスコープ（12宮図）に当てはめるとおもしろいんですよ。

人の顔というのは、みずがめ座にあたります。しし座、おうし座。これは分かりますよね。さそり座を昔はわし座と言っていました。これらが、綺麗に十字架になるんです。

その配置をグランドクロスといって、めったに起きないんですが、１９９９年の8月18日頃に起きました。

これは旧暦でいうと、数え方にもよりますが、第7の月なんですよ。これを今の太陽暦で予言したとすれば7月そのままでいいのですが、当時の太陰暦なら8月になります。それも15日あたりが第7の月の限界でしょう。

しかし、イエス・キリストの磔刑《たっけい》は、聖書学的には太陽が暗くなる象徴から始まっています。そこで当時の天体配置を調べてみると、グランドクロスの7日前の8月11日に、史上最大の日食が起きていたことが判明したんです。

その皆既日食を世界史規模で見た場合、人口過密地帯を通過した人類史上最も多くの人に観測された皆既日食でした。これがイエスの十字架と闇を象徴する出来事だとすれば、第7の月は象徴的な日食に続いて起きた天体現象だということになるのです。

だから、ノストラダムスは予言を外していないんです。このとき、地球は太陽の光を遮断される象徴と共に十字架にかけられたのです。

ノストラダムスというのは、ユダヤ人であったけれども、ここでいうユダヤ人というのは、いわゆるユダ族ではなくて、大きな意味でヘブライという意味です。日本ではごちゃ混ぜになっていますが。

それで、ここからなんですよ。２０１２年12月21日、いったい何が起こったのでしょうか。ついこの間ですよ。

久保　なんでしょうか。

飛鳥　太陽が銀河の中心を横切って行ったんです。そのときに地球から見た位置では、地球、太陽、銀河の中心が一直線になったわけです。

これを「銀河食《しょく》」――要は日食の銀河版――と言うのですが、このときに、ある意味で1本の棒になったんです。ここが問題なんですよ。そこを横切ったのが、ホロスコープでいうところの、いて座なんです。

キリストが絶命したかどうかを確かめるために、わき腹に剣を突き刺したんですよね。あれはロンギヌスの槍といって有名なんですが、さっき言った棒にいて座の矢の先を付けたら、まさしく突き刺した感じになります。

久保　ええ。

飛鳥　つまり、地球は、史上最大の人口地帯を横切った日食が起きた日である１９９９年8月11日から、実際にグランドクロスが起きた18日に十字架にかかり、そして２０１２年12月21日に絶命したわけです。そうなったら次は、第三次世界大戦とハルマゲドン（アルマゲドン）ですよ。

これをカオス・ポイントといって、もう絶対に戻れないんです。倒れかかった木を起こすのは、途中のカオス・ポイントの前では可能ですが、それを越えたらもう駄目なんです。もう地球の運命はもちません。あとは終末へ一直線。

さて、先ほど言った4のメルカバは、99年に既に降りたんです。諏訪大社は、４本柱ですよね。

久保　四隅に御柱《おんばしら》が立っていますね。

飛鳥　おもしろいことに、諏訪大社自体も上社本宮と上社前宮、下社春宮と下社秋宮と４つありますね。これは、大変なことなんですよ。**諏訪大社というのは丸々メルカバなんです。**

それですごいのは、断層破砕帯《はさいたい》というのがあるんですが、日本の東西に破砕帯が走っていて、南北にも破砕帯が走っているんですよ。南北のものは有名ですね。

中部地方から関東地方まで縦断するのがフォッサマグナ。それと東西を走る破砕帯を重ねると、日本列島をクロスしているんです。

そして、諏訪大社がそのど真ん中を押さえているんですよ。さらに、各方向の四隅を釘で打ってあるわけですね。

久保　なるほど、ちょうどあそこですか。おもしろいですね。

飛鳥　そこの真ん中に諏訪湖があります。そこを神が走るということで、御神渡り《おみわた》（編集註　厳冬期、湖面の氷が大音響と共に山脈のように盛り上がり、氷の道ができる自然現象。神官によって、御神渡りかどうかが認定される）があるんですね。これは笑えないですよ。

久保　本当ですね。

飛鳥　破砕帯まで何で知っていたんでしょうねえ。ちゃんと4つを押さえてあって、おまけにまた4つ柱があった。「なんなんだ、この国は」ということですよ。

久保　不思議ですね。

飛鳥　だから、日本が世界で一番地震が多いのは当たり前なんですよ。プレートがいっぱい潜りこんでいる交差点なんですからね。

分かっているだけでも、ユーラシアプレート、北米プレート、フィリピン海プレート、オホーツク海プレートです。そして、いくつかのマイクロプレートがいっぱいあります。

要は、プレートというのは海嶺から噴き出した地殻が、海溝へ潜りこんだものなんです。だから、ベルトコンベアみたいなものですよ。

これが全部クロスしていて、ど真ん中に浮かんでいるのが日本です。ですからベルトの微妙なバランスで、あっちに行ったりこっちに来たりする可能性があるんですよね。だから、ちょっとしたことで地震が起こるんです。

日本の周りはもう、活断層だらけです。そこに原発を置くなんていうのは、愚の骨頂です。

　それで言えることは、諏訪大社というのは単なる神社ではないんですよ。

久保　それはもう、人間の知恵を超えたものが働いていたのかもしれないですね、あそこに造らせたっていうのは。

熱田神宮のご神宝を伊雑宮《いざわのみや》に返還することになる

久保　前にアビクドール・シャハンさんを諏訪大社に連れて行ったときに、御柱を見せたんです。あれは、枝を磨《す》り落として木の皮を全部剥《は》いだ生木なんですね。

　実は、昔のイスラエルには石の柱と木の柱がありました。木の柱は腐ってしまうからなかなか残っていないんですが、考古学者が発見したものがあって、石炭化していました。

　それは枝を落として皮を剥いだ生木で、アシラの像だったんですよ。アシラというのは、古代のイスラエル人たちが拝んでいた異教の神様で、女神なんです。

　だから、イスラエルの十部族の人たちは、アシラを拝んでいたということですね。そのために罰せられて捕囚になってしまうんですけれども。

　そのアシラを表す象徴として、木の柱があったんです。**アシラがなまってハシラ《柱》になった**ということをシャハンさんに言ったら、「ああ、なるほどねえ」と言って喜んでメモしていました。

飛鳥　そうですね。アシラ像というのは、生命の樹かもしれません。アシラって木ですからね。

例えば、アシラの像ですと、ヒンドゥー教の女神、カーリーなどとも共通するのかもしれませんね。

久保　あと、御柱というのは、山から切り出してくるわけでしょう。

昔、イスラエルでもやはりレバノンの山から杉を切り出してエルサレムに運んで神殿を建てました。神殿の内側は、全部木で造られています。周りには石も使われていましたけれど、一番肝心なところは全部、木で造ってありました。

飛鳥　そうですね。当時はレバノン杉などが豊富にあって、緑なす大地だったんですよね。だって、そういうところでないと文明や都市を築けませんから。

エジプトもそうですが、もちろん砂漠はありますが、要の部分は緑がいっぱいだったんです。イスラエルだって、蜜が流れる地とまでいわれるくらいです。

久保　「乳と蜜の流れる地」と呼ばれていましたね。

飛鳥　ところが途中で世界は気候変動を起こしてしまいます。

実際、例えば中国の奥地にはゴビ砂漠がありますが、古代にはものすごく緑が豊かだったらしいですね。それは、はっきりわかっています。

インドもそうですが、今はなくなっていますけれど、昔はものすごく大きな川「サラスワティ」

があったんですよ。

要するに、大きな気候変動があったんですね。僕たちが今イスラエルに行くと、荒れ地が目立ちますが、昔はものすごく緑があったんですよ。

久保　そうですね、気候変動があったといわれていますね。

飛鳥　「誰が砂漠に都を建てるか」ってことですよね。それと、日本神話で、出雲の神様が諏訪まで行ったという話がありますが、それも関係があるんですね。

出雲はどちらかというと物部《もののべ》系なんです。大国主は別名スサノオと言うんですが、国譲りをしましたね。だから、物部系の神社群があるんですよ。天橋立《あまのはしだて》を管理している籠《この》神社も物部系です。

2013年5月に無事、式年遷宮を終えた出雲大社

あと、三輪山をご神体として祀っている奈良の大神《おおみわ》神社、名古屋の熱田神宮もそうです。全部、物部系なんですよ。

ところで熱田神宮は、伊勢神宮と出雲大社の式年遷宮が無事に終了した段階で、至宝《しほう》を移譲することになるかと思います。

久保　草薙《くさなぎ》の剣ですか？

飛鳥　至宝といえば、それしかないですよ。至宝の移管をするんです。

「籠神社」の第82代宮司・海部光彦氏と飛鳥昭雄氏

久保　皇居にですか？

飛鳥　伊雑宮にです。移譲について、熱田神宮は公表しない可能性が高いですが、「八咫烏《やたがらす》」という秘密結社の命令で至宝を伊雑宮に移譲することになるはずです。

　あまり知られていませんが、熱田神宮の創建は景行天皇43年で、西暦変換した場合、１１３年となります。つまり、伊勢神宮と出雲大社の式年遷宮が同時に起きる２０１３年に、創祀１９００年を迎えるんです。事実、５月８日に「創祀千九百年大祭」が行われています。

　これを偶然と見ない方がいいでしょうね。

久保　伊雑宮ということは、伊勢神宮ということですね。

飛鳥　はい、伊勢は内宮・外宮、そして伊雑宮で、これも3です。内宮にあるのが天照大神のご神体、外宮にあるのがいわゆる豊受大御神《とようけのおおみかみ》のご神体です。

　天照大神のご神体は鏡。豊受大御神の方がどちらかというと食べ物とか水とか。要はマナの壺ですね。日本では昔から、天照大神のご神体が「鏡」で、豊受大御神のご神体が「勾玉《まがたま》」とされていますが、それはカモフラージュです。

これは籠神社が言っているんです。籠神社の奥宮に天真名井《あまのまない》神社というのがあって、そこにあったご神体が金の壺で、その名前は真名《まな》の壺というそうです。それが今、伊勢神宮の外宮にあるそうなんです。では草薙の剣は何のカモフラージュかというと「アロンの杖」、鏡は合わせ鏡の2枚で「十戒石板」なんです。

久保　じゃあ、伊勢神宮で三種の神器が全部そろいますね。

飛鳥　そろいます。そして今年（2013年）、前述の通り、出雲大社と伊勢神宮が両方とも、式年遷宮をやるんですね。

久保　すごい年ですね。

飛鳥　めちゃめちゃすごいですよ。その前に、実は熱田神宮の方は、ちゃんと先に建て直しが済んでいるんです。

久保　私たちも今年、熱田神宮の近くで、「聖書と日本フォーラム」の研修会を持とうと言っているんです。草薙の剣の秘密に迫ろうと。

飛鳥　それはいいじゃないですか、ばっちりですよ（笑）。実は、伊雑宮は来年なんですよ。だから伊雑宮の建て直しがちゃんと済んだら、おそらく秘密裏に至宝を移すんでしょうね。

久保　どうやってやるんでしょうね。

飛鳥　わかりません。ちゃんと公開するかもしれませんけど。

久保　行列で行くんでしょうかね。それとも密かにトラックとかで運んでしまうんでしょうか。

飛鳥　どうでしょう。

次の天皇陛下が最後の天皇になるという予言がある

飛鳥　どちらにしろ、もう去年（２０１２年）の12月21日から始まっているんですよ。この12月21日というのはマヤ暦の元ですが、冬至なんですね。

冬至は21日から22日なんですが、さらに日付変更線を越えると23日も含むんです。この日は、日本の天皇誕生日になります。

これは偶然ではないんですよ。今上《きんじょう》天皇陛下は人間ですから、いずれ崩御《ほうぎょ》されます。すると、次の天皇陛下で最後だといわれているんです。

天皇家の中で続く伯家神道に、大変な預言がありましてね。天皇が天皇になるための儀式について触れているんです。

今の今上天皇陛下も、即位式と大嘗祭をやったんですよ。大嘗祭というのは新嘗祭のもっと大きいやつです。そのために大きな、特別な社殿を作るんですね。それが悠紀殿《ゆきでん》と主基殿《すきでん》です。

それら左右対称の社殿を作って、両方で同じ儀式を行っていました。

実はこの即位式と大嘗祭の儀式のうち、北朝系の天皇の時代は、ずっと即位式だけが執り行われていたんです。後醍醐天皇が吉野にこもった後、足利が戦略的に動き、あの幕末の孝明天皇まで北朝系だけがずっと続いてしまったんです。だから、半分の帝ということで、「半帝」と呼ばれたりしました。

明治天皇になってから、大嘗祭が復活して行われるようになったんですね。この大嘗祭には、実は死装束《しにしょうぞく》が必要なんです。

これを麁服《あらたえ》と言うんですけれども、四国の忌部《いんべ》の三木家が主宰になっていて、若い処女が精進潔斎《しょうじんけっさい》をして納めていたんですね。

三木家はそれを、北朝系の天皇には絶対に納めなかったそうなんです。どうしてかというと、北朝系は偽物だからです。

ところがなんと、明治になってから、また納め始めたんです。ということは、よく言われる通り、孝明天皇から明治天皇のときに入れ替わりがあったんです。

久保　なるほど。

飛鳥　それで明治天皇はどうしたかというと、すぐに楠木正成《くすのきまさしげ》の像を置いたんです。楠木正成は南朝系の侍ですね。

北朝系の天皇が逆賊《ぎゃくぞく》のトップを置くわけがないですよね。おまけに明治天皇は、「南朝系こそ正統である」と発表しているんですよ。

こんなことは普通ではありえませんからね。それで明治天皇は「祝《はふり》の神事」という神事をやったんですよ。

実は、即位式と大嘗祭と祝の神事という、この3つの儀式を受けないと本当は駄目なんです。伯家神道にはそう書いてあるんです。また3が出てきましたね。

この儀式を受けない天皇が100年続いたら、次の代で終わるというんです。もしくは3代、この祝の神事を受けなければ、4代目で終わるって、ちゃんと書いてあるんです。

これは、預言なんですよ。去年（2012年）、明治神宮の表参道に、提灯がいっぱい飾ってありました。「明治天皇100年祭」と書いてありました。

明治天皇が崩御して、去年の7月30日でちょうど100年だったんです。

久保　100年ですか。

飛鳥　大正天皇は心の病があったので祝の神事を受けていないんですよ。昭和天皇も受けていません。今上陛下も受けていません。ですから今上天皇がもし崩御されたら、次の天皇が最後、ラストエンペラーです。

そして大変なことになったんですよ。去年、毎日新聞がすっぱ抜いたんですけど、天皇家は京都へ戻ります。宮内庁も一緒に。

その件は、党派を超えて、国会議員もちゃんとやるでしょうね。もう発表されましたから。平安京へ戻るわけですね。建前的には京都市から提案した形になっていますが、皇室の一部に京都に移っていただくということになっています。そこに次の天皇陛下も含まれることでしょう。

久保　じゃあ、大きな変化が訪れようとしているんですね。

飛鳥　そう。それをなんと、マヤ文明が予言しているんです。

それが、どんぴしゃストライクで、12月23日は今上天皇陛下の誕生日です。恐ろしいことです。これを裏返せば、世界は日本を中心に動いているということでもあるんですよ。

久保　なるほど。だから、終末には、日本がものすごく大きな役割を果たすだろうということですね。

飛鳥　前からそう言われていますね。

久保　ユダヤ人の間でも、そう言う人が多いんですよ。

終末の時代には、日本とイスラエルは世界で最も大きな役割を果たす国だろうという、予言めいたことがいわれています。

飛鳥　4年前かな、2日間にわたって、日本とイスラエルの記念イベントがありましたよね。久保さんも確か出ておられたと思うんですけど。国会議事堂のすぐ側です。

イスラエルからモサド（諜報機関）、政府関係者、大臣もいっぱい来ていて、日本の国会議員も出て。

久保　ああ、それは２００７年８月６～７日に憲政記念館でやった「エルサレム・サミット・アジア第４回フォーラム」ですね。

飛鳥　久保さんたちプロテスタントもいろんな人たちが中心になって動いていました。

そこで、イスラエルから来た大臣クラスがいっぱいいいたんですが、冒頭で「同志よ」って呼びかけたんですね。「日本とイスラエルはこれから手を組んで戦いましょう」ということでしょうね。

今、世界的に見ればイスラム教徒がすごく多いですよね。そこで日本とイスラエルが中心になって、間にあるイスラムの異教徒に対して戦おうという目的があるんでしょうね。日本の国会議員連盟、その他いろいろ含めて、そんなの簡単にはオッケーできないでしょうけど、イスラエル側では日本に対して同志という言い方をしているんですよね。

久保　この間も世界中を対象としたアンケートがあって、「世界で最も他の国々に対して貢献をしている国はどこか」という設問だったんですが、いろんな国の人に聞いたら、日本という答えが一番多かったというんです。

国内ではいろいろいわれているけれども、海外では日本は意外に高い評価を受けているんですよ。日本という国は、世界に対して一番貢献してくれている国だと、他の国の人たちは思ってくれているんです。

前に、イスラエルの人たちが50人くらい東京に来たときに、畠田秀生さんという私の友人が英語でスピーチをしたんですが、「日本人とイスラエル人の知恵が合体したら、ものすごく大きなことができますよ」と言ったら、もう大拍手が起こったそうなんですね。

飛鳥　それはいいですね。さすがは畠田さん！

対談は終始なごやかな雰囲気で進んだ

第2章 秦氏とキリストの秘密が日本に隠されていた！

天皇一家が京都へ移り、遷都する！

飛鳥　話は戻りますが、これから日本では大規模な地殻変動が起こりますよ。そしておそらく、世界規模で天変地異が起こります。間違いありません。

日本でまず最初に起こるんですよ。これは仕方がないんですね。さっき言ったように、そういう場所に位置しているんですから。

でもそれは、日本で起こることは世界で起こるという予兆でもあるんです。先ほど言った諏訪湖の底に、武田菱が沈んでいるんですよね。

あれは平行四辺形ですけれども、4つに分かれていますね。それの大きなものが、底に沈んでいるんです。昔、死んだことが極秘だった武田信玄の墓として家臣が造ったと言われています。

久保　湖底の人工物と思われるものですね。テレビでもやってました。

飛鳥　まずね、諏訪湖の水が干上がります。地盤が緩んできますから。だって、日本列島はこれからいろんなかたちで捻じ曲げられたり動いたりするわけですから。そのときに、諏訪湖が無事であるとは思えません。

岩がちゃんと押さえられていますが、神の意志で外すとなったときには、まず諏訪湖の水が抜けて枯れてしまうんです。これが起きたら、日本列島は大変ですよ。

武田菱

久保　黙示録にも、終末の時代にエルサレムで大地震があると書いてありますからね。「いまだかつてなかった大地震がある」と書いてあるから、日本での3・11の大地震などもその予兆に近かったのかもしれませんね。

飛鳥　武田菱の話の続きですが、菱形のくぼ地は東西17〜20メートル、南北20数メートル大で、菱形の頂点が東西南北を指すことから、自然の造形物とは考えにくいとされています。武田信玄の水中墓伝説は未だ多くの謎を含んだままですが、対象物は諏訪湖の底に眠っていて、ちゃんと撮影もされていて実在が確かめられているんですね。つまり、あそこは封印された湖ということが分かったわけです。

あそこに何か起こったら、もうみんな覚悟した方がいいです。ある意味メルカバですから。

久保　そういえば3・11の後、長野県でも地震や余震がけっこうあったんですよね。何で長野県なのかなと思ったんですが。

飛鳥　はっきり言いますと、日本という国は預言の国なんですよ。だって、国の正式な記録――国史というんですが――の日本書紀の中に、聖徳太子が預言者だったって書いてあるんですから。

「兼知未然（兼ねて未然にしろしめす）」と。

未然《みぜん》というのは、『未然記』があるように、預言ということですからね。日本は国をあげて、古くから預言を述べている国なんですよ。そう思うと、江戸時代もそうでしたけれど、預言ブームってけっこう日本で起こっているんですよね。

久保　そうですね。

飛鳥　野馬台詩《やまたいし》（編集註　平安時代～室町時代に流行した予言詩）とかですが、預言があるということは、預言者がいたということでしょう？　預言者というとノストラダムスや聖書など、ユダヤを思い出しますね。

久保　そういうことです。

飛鳥　これはえらいことですよ。先ほど言った天皇陛下が平安京に戻ってくるという話ですが、昔、京都の年寄りが「天皇はんは東京に貸しとるだけや、いずれ戻ってきはります」と言っているのを聞いたことがあるんです。ということは、そういう予言をしたものがあって、それを当時の京都中の人間がみんな知っていたということになりますよ。

久保　なるほどね。

飛鳥　そしてとうとう、実際にそうなってしまうんです。その理由は、また3つあります。
　福島第一原発は、いつまた何があるかわかりません。あれは津波が来なくても、震度6で崩壊しますから。もう東京は危ないんです。

久保　やっぱり安全な京都に行くと。

飛鳥　今上天皇はおそらく、ご自分の骨は東京に埋める気でいらっしゃいます。でも息子夫婦、孫は巻き込むわけにはいきません。それが1つと、あとは東京直下型地震です。

久保　ああ、危ないですものね。

飛鳥　危ないです。もう1つは、富士山噴火です。富士山も今、すごくおかしいです。また三重苦ですね。
　だから、もう京都御所は準備に入りました。皇居も、まだ未確認情報ですけれど、大型ヘリが何度か深夜に降りています。ということは、京都御所への……。

久保　平安遷都ですね。

飛鳥　遷都です。というか、明治天皇は一度も「遷都宣言」をしていませんし、もともと日本では「高御座《たかみくら》」が鎮座するところが都ですから、首都は京都から移っていないことになります。

とはいえ、天皇陛下がいるところが首都になっていました。しかし、その天皇陛下が京都に戻れば話は違ってきます。となると、宮内庁も移ります。

あと、警護のための警察を含めて、今京都にある機関が、もっと大きくなります。結果的には首都機能の移転が起こるんですよ。

久保　そういうことですね。

エルサレムとゴルゴダをT十字が結び、平安京と甘南備山をT十字が結ぶ

飛鳥　平安京の意味ですが、実はユダヤ的な意味もあると思いますので、解説していただけますか？

久保　エルサレムも、シティ・オブ・ピース――平安の都――という意味だから、平安京と同じ意味ですね。

平安京は、もともとは秦氏が造ったものですが、やっぱり秦氏はイスラエルの出身ではないかと私は思っています。京都に都を造るときに、イスラエル民族の記憶を大切にして、「平安京」と名付けたのではないかと思いますよ。

飛鳥　なるほどね。

久保　その証拠に、平安京を造った後に秦氏は何をしたかというと、祇園祭《ぎおんまつり》というのを始めているんですね。

祇園祭というのは、イスラエルの祭りにそっくりなんです。第7の月（7月）に、1ヶ月くらいにわたっていろいろやりますよね。

祇園祭で、テレビでも放映される一番大きなイベントといえば山鉾《やまほこ》巡行というパレードですね。毎年7月17日にやっています。

祇園祭の薙刀鉾

この7月17日というのが、ノアの方舟がアララト山に漂着した日ですし、しかもその日は古代イスラエルでは、仮庵《かりいお》の祭りというのをやっていた日なんですね。聖書を見ると、ソロモンの王がエルサレムで祭りを始めたと書いてあります。

神殿を造った後にお祈りをしてお祭りをしていますが、

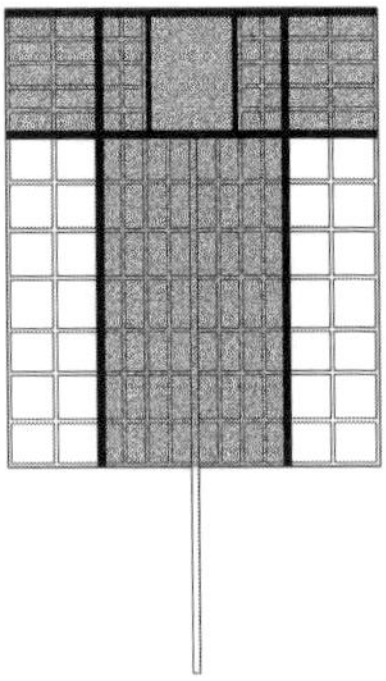

平安京の内部にＴ十字が隠されていた。それを線で結ぶと巨大鳥居が出現する！

この都に疫病が起こりませんようにということで盛大にやったんですよ。京都の祇園祭も、この都に疫病が起きませんようにという願いでやっている祭りなので、そこも同じですよね。

ギオン《祇園》祭りは実はシオン（エルサレムの愛称）の祭り、というふうにユダヤ人は解釈していますよね。

飛鳥　考古学の研究者が平安京の発掘をやっているんですが、教科書では、平安京は中国の長安を真似て造ったというのが常識になっていますね。でも、実は違うんです。

最初の平安京はT字型だったんです。奴《やっこ》の形をしていました。今百科事典等々で見ると、平安京の図が載っているんですが、割と正方形に近い区画のところと、長方形のところが渾然一体になっているんですね。

それで、正方形に近い箱型の部分だけを抜くと、T字型が現れるんです。これは大変なことでしてね。真ん中に大路がずっと続いていて、あれを鳥羽作道《さくどう》といいまして、ずーっと道がまっすぐなんですよ、羅生門を越えて。

久保　そうですね。

飛鳥　Tって、昔の考古学者たちは奴《やっこ》型だったと言っていますね。それが、一本の棒で立てられているど、まるで……。

久保　十字架ですよね。

飛鳥　そう、十字架なんですよ。久保さんも本に書かれていますが、ローマ時代は十字架はクロスじゃなかったんですよね。T字なんです。

　イエス・キリストが運んだ十字架というのは、上の横木、つまり枕木《まくらぎ》のみだったんです。それを柱に乗せたんですね。それでT字になります。

　象徴するかたちとしては、ロザリオみたいに十字でいいんですが、本当はT字なんです。欽定訳聖書の一番最後の方に、昔のエルサレムの俯瞰図《ふかんず》というか鳥瞰図《ちょうかんず》があるんですが、Tの形をしているところがありました。ヘロデ神殿の左右にでっぱりがあってT字に見えるんです。

平安京の真南の起点となった甘南備山

久保　ああ、そういえばそうですね。

飛鳥　頭の部分に丸い部分が書いてあって、**エルサレムのT十字の神殿のところを鳥羽作道と同じように下に伸ばしていくと、恐ろしいことに、ゴルゴダに行っちゃうんです。**

　一方、日本の平安京では、T十字をずーっと下に下ろしていくと、奈良県との県境あたりにある甘南備山《かんなびさん》まで行くんです。

甘南備山は案山子のメッカ

「神＝へ」の三本柱を示す「へのへのもへじ」

久保　それはおもしろい。

飛鳥　カンナビサンという字はいろいろあるんですよ。神奈備山あるいは神無（亡）備山と書くこともできます。

あそこはかかしのメッカ、発祥の地なんです。未だにかかしが山ほどありますよ。一年中、冬に行ってもあるんです。別にかかしのコンテストをやってるわけじゃないんですよ（笑）。

タクシーの運転手さんが言うには、国道に出れば、地平線というとオーバーだけど、かかしがずらーっとありますからって。あの土地では、昔からとにかく、かかし作りを続けろと言われてきたそうです。

久保　かかしは十字架の形ですね。

飛鳥　そうです。それに、かかしは案山子と書くじゃないですか。あれはどう見てもかかしとは読めないですよね？

久保　はい。

飛鳥　かかしの顔は「へのへのもへじ」ですから、「へ」が3つ、つまり、山が3つあります。ここにも三柱が現れます。

関西では「へのへのもへの」で、「への」が眉と目を示し、三柱の神を象徴します。

もっと恐るべきことは、エルサレム神殿の方に行くと、**T字の上の方にオリーブ山があるんですよ。**そこにイエス・キリストが降りてくるという……。

久保　予言がありますね。再臨のときにね。

飛鳥　はい。オリーブ山には、日本でいうところの磐座《いわくら》があるはずなんですよね。

久保　ああ、そうですね。

飛鳥　神が降りる場所だから。平安京ではそれはどこだろうと思って調べました。すると、T十字の頭の部分に、船岡山という山があるんです。平安時代は、平安京の北側の外にあったんですね。今はもう丘ぐらいの高さしかないんですけどね。

みんな見逃しがちですが、船岡山に行くと、神が降りてくる磐座がちゃんとあるんですよ。でも、それが不気味なんです。この世のものとは思えないほどで、ちょっと畏敬の念を抱くぐらいに怖いんです。

今まで日本中の磐座を見ましたけど、あれが一番怖いです。ちょっと普通ではないですよ。

船岡山の磐座

京都の晴明神社の社紋は五芒星

久保　船岡山がオリーブ山に相当するわけですね。やっぱりエルサレムの記憶を反映させたんでしょうか。

飛鳥　そうです。おもしろいことに、平安京を造るとき、その船岡山と神南備山がちょうど南北にあったんです。昔の陰陽師が、天皇の命令でそこに一直線を引いて、それを使って平安京を造ったという記録があるんです。

久保　じゃあ、ちゃんと物的証拠もあるということなんですね。

飛鳥　京都の晴明神社には、五芒星《ごぼうせい》があります。

本当は裏社紋があって、裏は六芒星なんです。5と6が陰と陽で、合体します。要は奇数が表側で、偶数が裏なんです。だいたい裏が本物なんですね。「九字《くじ》を切る」ということは、十字を切るというのと同じなんです。

久保　なるほど。

飛鳥　おもしろいでしょう？　日本ではそれを、ダジャレに混ぜて伝えていくんです。5と6を合わせることを語呂合わせというんです。つまり五六合わせ、この話の続きは後半でもう一度やります。

ところで、先ほどちょっと話した諏訪大社もそうなんですが、あそこは物部系です。ですから古いんですね。

古神道という言い方は、実は幕末から明治に作られた言葉なんですね。新しい古神道という言い方は変ですが、秦氏系の神道よりも古いという意味で古神道と言いましょうか、あえてね。

古神道の宮司たちは、間違いなく血の儀式をやっていたんですよ。

久保　諏訪大社でも血の儀式をしていましたが、他の神社でも昔はけっこう血の儀式をやっていて、動物犠牲を捧げているところがありましたね。牛や鹿、鳥などを捧げていました。

飛鳥　はい、ただ秦氏系が来てからは、もう犠牲は払わなくてよいということになりました。それがいわゆる神武系ですね、天照の方です。

もうすでに救世主がやってくれたからいいとなったのですが、やっぱりまだ血の儀式をやろうとするんですね。それで、しかたないということで下鴨神社・上賀茂神社――これは賀茂氏（鴨氏）ですね。秦氏の名前が変わった一族の神社です――から禰宜《ねぎ》を派遣して監視させたんですよ。賀茂氏が禰宜を派遣したので、「鴨ネギ」（鴨が持ってきたネギ）という言葉が生まれました（笑）。

カモネギというのは、鍋の中身のことを言っていたわけではなくて、ダジャレのように見せかけてそれを伝えているわけです。そういうことを意図してやった知恵者がいるんですね。いやあ、この国は、一筋縄ではいきませんよ。

久保　ほんとですね。

飛鳥　それから、京都の太秦《うずまさ》に牛祭りという不思議な奇祭がありますね。赤鬼と青鬼がいて、馬に乗ってきてわけのわからないことをやって、皆から罵詈雑言《ばりぞうごん》を浴びせられて、祠《ほこら》の中に逃げ込むというやつ。わけわかんないでしょう？（笑）

あの祭文《さいもん》の言葉は、ヘブライ語だといわれていますね。

イエス・キリストがされたように、罵詈雑言を浴びせられるんです。お前は十字架から降りてみろとか、もうとにかくめちゃくちゃに罵詈雑言を浴びせられるということが大事なんですね。

鬼の角《つの》はサタンの角じゃなく、牛の角です。そして、鬼って、虎のパンツはいているじゃないですか。それで丑寅《うしとら》の方向を表すわけです。

丑寅といったら北東ですから京都から見たら蝦夷《えぞ》ということですね。それで鬼はアイヌだという説があるんですが、事実そっちの方向に鬼瓦を置くんですよね。

要は、牛というのは、ヘブライで儀式に使われていたのです。羊も使われたけれど、牛が燔祭《はんさい》で一番使われたんじゃないですか。だから「犠牲」の文字の中に〝牛〟が入っているんです。ロバに乗ったらもっとすごかったんですけれどね（笑）。

久保　そうですね。ロバだとまさしくキリストになりますからね。

飛鳥　だから、**牛祭りの元を作ったのは間違いなく秦氏でしょうね。**

秦氏のルーツは中央アジアの弓月だった！

久保　秦氏が出てきたので少しお話しますと、先日韓国のＫＢＳという、日本でいえばＮＨＫのようなテレビ局の人たちが来て、京都の大酒《おおさけ》神社とか、広隆寺、蚕の社《やしろ》、秦氏のことをいろいろと取材していったんですよ。

その局のプロデューサーと、通訳、カメラマンの３人が来て、その後東京にもやって来ました。私もずいぶん取材を受けましたよ。

秦氏のことや、古代イスラエルの失われた十部族、キリストの使徒トマスの東洋伝道のことなどね。日本書紀をお見せしたり、新撰姓氏録《しんせんしょうじろく》の内容も調べていきました。韓国で２時間番組で放映するそうです。

実は秦氏のことや、古代イスラエルと日本、古代東方キリスト教と日本の関係などを韓国で放映するのは初めてだそうです。しかも韓国のメジャーな放送局でそれをやるというんです。

飛鳥　すごいですね。

久保　そのプロデューサーも、実は向こうで賞とかもらっている人らしいです。彼らが言っていたんですが、昔、朝鮮半島の一番南に伽耶《かや》という国があったでしょう？　韓国では、伽耶の国の住民が４世紀に突如、大挙していなくなったという記録があります。

そのことをプロデューサーと話していたんですが、やっぱりそれは4世紀に日本にやってきた秦氏のことだろうということで、日本書紀とか続日本紀《しょくにほんぎ》とか、いろいろと照らし合わせていったんです。韓国でも、日本に大挙して移住した民族のことが話題になっているらしいんですね。

かなり高い文明を持っていた人たちだということですが、まさしく彼らは朝鮮半島から移住してきた秦氏でした。秦氏は、僕らの理解では、一時朝鮮半島にいましたが、それ以前は中国、その前は中央アジアにいました。

彼らは最初は弓月《ゆづき》という、中国人がクンユエと呼んでいた地域の住民でした。そこにヤマトゥという所があって、そののち東の方に移住を開始し、中国、朝鮮半島を通って、ついに日本にまでやって来ました。秦氏は日本で天皇と一緒に日本の文化、文明の中枢と言えるような風習とか、いろんなものを残してくれたんです。

その弓月という国は、中央アジアですね。今のカザフスタンとか、そのすぐ近くのキルギスとか、その辺りなんです。

キルギスにリズベクという人がいまして、この間、本を出版したんですよ。それを送ってくれたので読んだら、非常におもしろかったんですが、実はキルギスには、日本の山幸彦、海幸彦と同じような話があるんです。

例えば日本人がキルギスに行くと、キルギス人は皆だいたいこう言うんですよ——あなたたちは私たちの兄弟ですよと。

実は昔、先祖のある兄弟が、1人は山の方に行ってキルギス人になった、もう1人は海の方へ行って日本人になったんだと言われています。

そういう話をキルギス人がするんです。そのキルギスにおもしろい話があって、マナス・エピックというんですね。マナス叙事詩。それによると、**キルギスの先祖というのは、マナスという人だったんですよ。**

飛鳥　マナセのことですね。

久保　そう、聖書でいうマナセです。これはヤコブの息子とされた人で、イスラエルの十部族の一部族なんですよ。

そのマナセが、キルギスの父祖マナスになったという。どうしてかというと、マナスにはお父さんがいたんですが、ヤコブというんですよ。聖書と同じですね。

しかも、彼には12人の息子がいたといわれているんです。聖書を見ても、ヤコブには12人の息子がいて、12部族が形成されたわけです。その一部族がマナセ族です。

飛鳥　そうですね。

久保　聖書では、本当はマナセはヤコブの孫です。ヤコブからヨセフが生まれ、ヨセフからマナセが生まれました。

ヨセフからはエフライムも生まれていますが、ヤコブが、「この2人は私の息子だよ」と言っているところがあるんです。本当は孫なんですが、息子として扱われていました。

キルギスには、古代のイスラエル人の風習にそっくりなものがけっこうあります。「もものつがいの上の腰の肉」も食べません。これはイスラエル人特有の風習です。

秦氏の故郷（弓月）は、このキルギスのすぐ近くです。その辺りに住んでいた秦氏は、やっぱりそういう系統を持った人たちなんだろうと思うんですよ。

飛鳥 確か、文法も似てなかったですか？

久保 キルギスの言葉と日本語には共通のものが多いと、キルギス人が書いていますね。私はそのリストを見たことがあります。意味も発音も同じという言葉がたくさんあるんですよね。

飛鳥 羽根突きとか、遊びも同じようなものがあるみたいです。

久保 そうそう、おもしろいですね。

キルギスのマナス叙事詩の中に、キルギスに昔住んでいたある人たちが、大挙して東の方に行った、シベリアの方を通って、さらに先へ行ったと書いてあるんだそうです。

飛鳥 いわゆる、ステップロードですね。

久保 それが、日本人だと言われているわけです。それが秦氏なのではないかと思うんです。

飛鳥 それに関わることで、ちょっと補足させてもらいますと、まず先ほど言われたマナセとかエフライムという人がいるんですよ。

ヤコブの子にヨセフがいて、その子がエジプトの村に行ってしまって、そこで結婚して生まれた子供が、先ほど言ったマナセだと言われています。

実はそのとき、正確にいえば11人ですけれど、ヨセフを入れて12人いました。そこから12支族が出てくるんですよ。

だから、イスラエルの12支族がエジプトに行ったときの12支族と、今度はモーセによって脱出したときの12支族は違うんですよね。どう違うかというと、普通の解釈では、ヨセフには２人の息子がいたことになっています。

ヨセフという種族がなくなって、その代わりにマナセ、エフライムが入ったんです。そしたら13になってしまうではないですか。それでレビが、特権職だから抜けたんです。いたことはいたのですが、神殿職だから別になったんです。だからエジプトを出たときと入ったときで12支族が微妙に

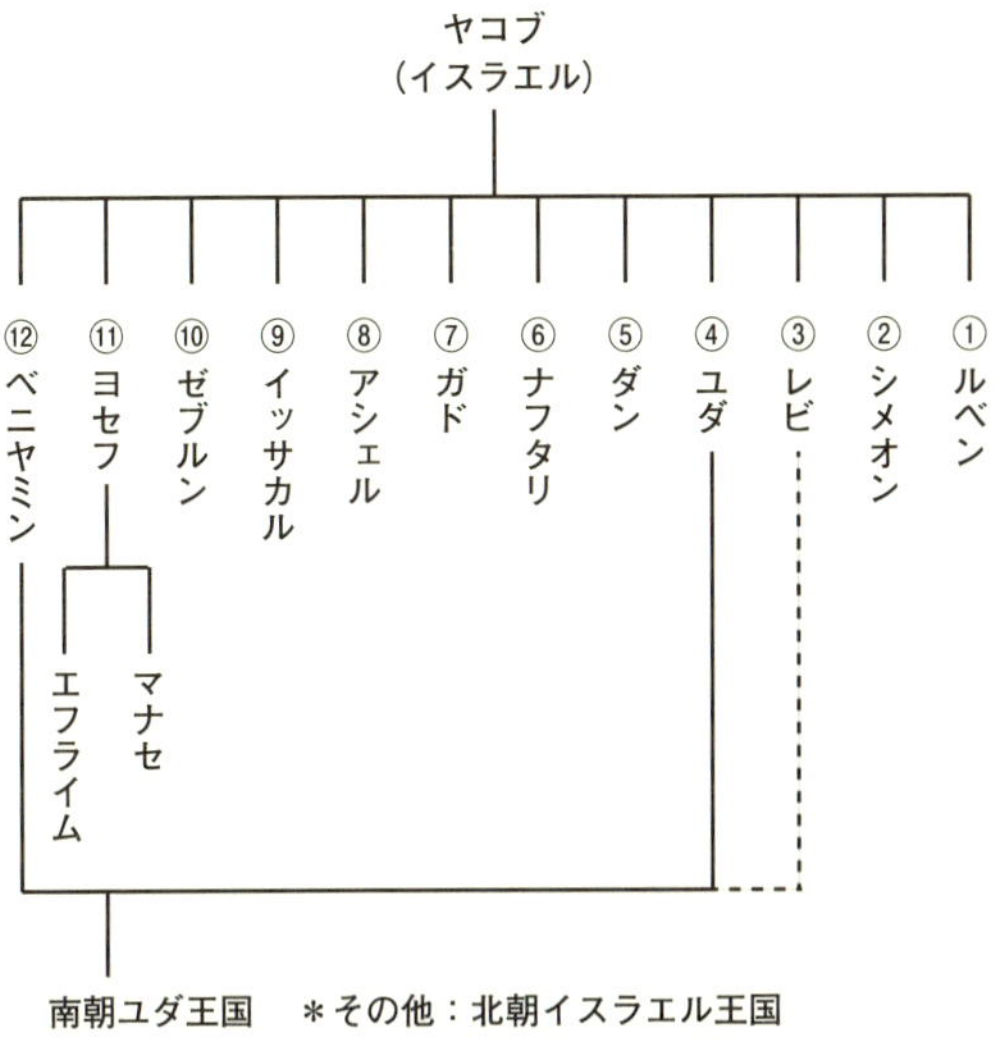

イスラエルの十二支族の系図

違うんですよ。

要は、マナセが養子縁組で12支族に入ったから、ヨセフも同じ扱いなんです。そういう意味で、おそらくキルギスでは、ヤコブの息子といっても嘘じゃないんですよ。まさしくヨセフの代わりに入った養子縁組だから、息子なんです。

まずそこが1つ。あと、KBSの方々が最終的に行きつく問題の1つになると思うんですが、一般的な韓国人の認識としては、天皇家は韓国人であるという考えがあります。韓国人が、「質の悪い」日本人を治めているんだという考え方の人も大勢います（笑）。

久保　日本のすべては韓国から来たというふうに言いたい人が多いんですよ。

飛鳥　だから、日本のものは全部韓国のものだと言うわけです。「イチローが有名になった、あいつは韓国人だ」「宮崎駿も韓国人だ」と言うんですね。とりあえず有名になるのは、韓国人以外ないという考え方なんです。日本刀も韓国人が作った、空手も韓国が作った……。

それも、政府が世界中に向けてどんどん発表しているんですよね。剣道の元は韓国であるとまで言い始めています。もう全部なんです。浮世絵も韓国人が作ったって。

久保　そう言いたがる人が多いんですよね。

飛鳥　それを言う学者がいて、韓国政府もそれを大使館を通して毎年発表していくんです。

日本政府は愚かだから、ほったらかしにしていたんですけれども、それで韓国がどんどん増長して、今大変なことになっているんです。今回来た報道の方の趣旨はわからないけれど、中立的にやってくれるとは思いますけれどね。しかし、不安だな（笑）。

Ｙ染色体とＹＡＰ遺伝子で読み解く日ユ同祖論

飛鳥　おもしろいことに、久保さんがおっしゃったことは、中国に記録がありましてね。『三国志』の中の１つに「魏志倭人伝」というのがありますが、それとは別に「魏志韓伝」があるんですね。

そこにどう書いてあるかというと、あるとき、急に秦人が韓半島にやって来て、国の半分を奪ってしまい、その後いなくなった、と。もともと韓国では馬韓《ばかん》という国があって、秦人の風習、習慣、その他は馬韓とは全然違っていたと書いてあるんです。

だから、はっきりここで言えることは、中国という第三国が当時書いた記録だから正確なんですよ。中国人から見ても、秦という人たちは韓民族ではないということなんですね。

秦というのは要するに「柵外《さくがい》の者」という意味ですからね。だから**中国人でもない、韓国人でもない集団が、韓半島の半分を仕切って、そのままいなくなりました**。これはえらいことです。

だから日本人は、韓国の方々とは基本的に民族が違うんですよ。まして、天皇陛下が韓国人だというのはありえません。おそらく続日本紀にある、百済からお嫁さんが来たことを言っていると思うんですが、百歩譲ってそれが事実だとしても、出自を偽っているんですね。秦氏の人は自分たちは百済から来たと言っているんです。

久保　そうそう。

飛鳥　秦氏の文化はみんな新羅様式で、新羅の元は辰韓《しんかん》というんですが、これは秦韓とも書かれたんですね。だから当時、新羅とは言いにくい事情があって、百済にしちゃったんでしょうね。

実はこの百済経由のものはけっこう多くて、聖徳太子が百済から優秀な大工を呼ばざるをえなかったんです。韓国から来た優秀な大工の力によって日本は法隆寺を作ったといわれていますね。でも、これは違うんですよ。実は日本の記録の中に書いてあるのは、百済ではないという意味で、「くだらない」っていうんですよ。自分たちの出所は百済じゃないんだよと言いたいわけですね。本当は新羅なんです。

百済と書いてあるものはすべて、実は違うんです。だから続日本紀にあるのも、百済から来て云々ではないんですよね。本当は新羅から来ました。

日本の天皇家に来たのは、秦氏のお嫁さんなんですよ。日本の天皇家は父系制ですから、男系なので、遺伝子的には全然影響がないんです。男はY染色体ですから。

借り腹という言葉もありますが、女性がどこの国の人であろうと、男系で続いていく天皇家には、女性の影響はないんです。

だから天皇が韓国人だというのはもう、遺伝学的に何も知らない連中が言っているんでしょうね。

久保　遺伝子からいうと、日本人の男性のY染色体の40％はD系統なんですよ。このD系統というのは、朝鮮半島、韓国とか中国にはほとんどないんですね。

あっても1～2％とか、非常に低いです。中国人、韓国人というのは、Y染色体がO系統なんですよ。ほとんどの人がそうです。でも日本人は約50％くらいがO系統なんですけど、40％はD系統です。

D系統というのは朝鮮、韓国にはありません。世界的にも2ヶ所に集中しています。日本以外ではチベット系民族です。

チベット系民族と日本人。世界中でその2つしかないんです。おもしろいことに、チベット系民族の中にチャン族（羌族《きょうぞく》）という民族がいるんですけれど、チャン族はD系統率が非常に高く、23％もいるんですよ。

そのチ**ャン族は今はチベットの北、中国西南部に住んでいますが、実はイスラエル十部族の子孫と言われているん**です。

ラビ・アビハイルの本に詳しく書いてありますが、チャン族は昔から唯一の神を信じており、いろんなイスラエルの古代の風習をたくさん持っていたということです。だからチベット系民族と日

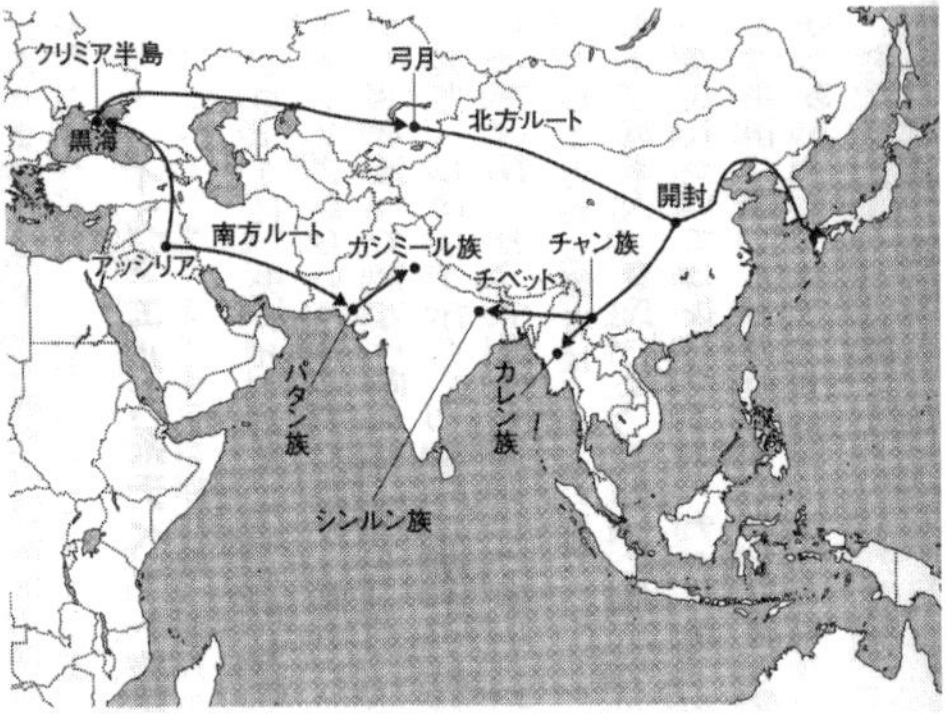

失われた十支族がたどったと推測される２つのルート
（『日本とユダヤ運命の遺伝子』久保有政著より）

本人は、非常につながってくるわけですよ。

どこでつながってくるのかというと、実はチャン族とか、ミャンマーや北インドに住むシンルン族（メナシェ族）――彼らもチベット系民族です。チベットの北の方に行ったのがチャン族で、南の方に行ったのがシンルン族なんですけど、もともと彼らは1つだったと言われているんです。ラビ・アビハイルはそう書いています。彼らはイスラエル系のチベット人です。

彼らの伝承によれば、彼らはもともと中国にいたということです。しかしそこで迫害にあって、チベットあたりに逃れてきました。彼らはもともと、中国の開封のあたりにいたのです。

古代においては、あのあたりはいろんな国に分かれて中国大陸で争っている時期だった。そういう戦乱の中に置かれていたわけですよ。

秦氏の人たちが、もともと中央アジアの弓月にいて、東の方へと行きました。それでずっと開封のあたりにいたんだけれども、たぶんそのあたりで二手に分かれたのではないかと私は考えています。

第一のグループは、朝鮮半島を通って日本に行きました。しかしもう1つのグループは南の方、チベットの方に行きました。

チベット付近で、ある人たちはチャン族となり、別の人たちはシンルン族になりました。そうしてイスラエル系のチベット人として、今も残っているのでしょう。

そういうわけで、**イスラエル系チベット人と日本人は、Y染色体D系統の頻度の高さということで、見事につながっているのです。**日本人男性の約40％もの人々がY染色体D系統ですからね。

おもしろいことに、伊勢の近くに畠田《はたけだ》という「聖書と日本フォーラム」の会長が住んでいらっしゃるんですが——飛鳥さんもご存じですね——彼は秦氏の子孫です。

「聖書と日本フォーラム」会長の畠田秀生牧師と飛鳥昭雄氏。畠田牧師は、日ユ同祖論を日本人伝道に生かそうとしたパイオニア的存在だ

畠田さんは昔はハタダといいました。しかし途中から、普通はハタケダと読むんだよと言われて、ハタケダと名乗るようになったが、昔はハタダでした。

ハタダというのは、秦氏の子孫の名前ですね。秦氏の名前が変わっていったものです。彼の遺伝子も調べたんです。

飛鳥　どうでした？

久保　アメリカの「ファミリーツリーDNA」(http://www.

familytreedna.com/〉というところから、遺伝子検査のキットを取り寄せて調べました。歯ブラシみたいに、口の中を1分くらい擦《こす》るんです。

擦ると歯ブラシみたいなものにDNAがくっつくでしょう。それを保存液の中に入れて送り返すと、何週間か後に結果を知らせてくれるんですけれども、彼もやっぱりY染色体のD系統だったんです。

飛鳥　そうですか。

久保　私はO系統なんですけどね。私の場合は、O2bといって、揚子江のあたりの文明を作った人たちの子孫だということが分かったんです。

だから、男性の系統としては私はどちらかというと中国系に近いんです。ただし母系を調べれば、日本人は皆混血しています。いろんな渡来人、イスラエル人も含まれているでしょう。

私の顔は、よく外国人の造りだとか言われますけれどね。まあ、とにかく父方のY染色体を調べた結果では、畠田さんはD系統だったんです。

なかなかおもしろいので、ひょっとしたら秦氏をいろいろ調べたらD系統が多いのではないかという気がしています。もちろん、データがたくさん集まらないと何とも言えませんが。

飛鳥　遺伝子については、YAP《ヤップ》ってあるじゃないですか。結局同じことをいうと思うんですが、YAPでは、4基だけちょっと特殊なんですよ。基本的にある部分が、日本人にはすごく多いんです。

久保　Ｙ染色体のＤ系統は、ＹＡＰと呼ばれる特殊な遺伝子配列を持っていますね。すべての遺伝子系統の中で、ＹＡＰの配列を持つのはＤ系統とＥ系統だけです。

Ｅ系統とＤ系統というのは同じＹＡＰがあることから、同祖です。両者が同じ祖先から来た者だということとは、遺伝子的にはっきりしてるんですよ。

飛鳥　遺伝子的に近いんですよね。

久保　Ｄ系統とＥ系統の近縁・同祖の関係は、もう疑いようがないんです。

もともとＤＥ系統というのがありました。それが中近東で2つに分かれました。ある人たちはＤ系統になり、ある人たちはＥ系統になったわけです。遺伝学者はそう説明しています。

このＥ系統がまたおもしろくて、例えば、世界中にいろんなユダヤ人グループがあるじゃないですか。アメリカにユダヤ人グループがおり、イスラエルにもアフリカにもユダヤ人グループがいます。イエメンにもユダヤ人グループがいます。

世界中にユダヤ人グループが散らばっているんです。そしてどこのグループでも、必ずＥ系統があるんですよ。

だからね、Ｅ系統があるかないかで、この人たちはユダヤ人かどうかというのを判断する1つの基準になっているんです。しかも、イスラエル十部族の故郷サマリアの祭司の家系（レビ族の子孫）

もE系統です。混血しないで父系を保ってきた人たちはE系統。

日本人の40%を占めるY染色体D系統の持ち主は、この人たちと近縁・同祖です。その辺のことを、私は最近『日本とユダヤ運命の遺伝子』（学研）という本に書きました。

飛鳥　そうですね。久保さんはそういうことを相当研究されたんですものね。毎週講演されるくらいに専門家なんですよね。

YAPのマイナスというのは、僕が言いました。そのところが欠落しているというふうに考えているんですよ。

実は日本でいうと、アイヌと琉球民族がYAPのプラスです。いわゆる大和民族というのは、実はYAPのマイナスなんです。チベットにはYAPのマイナスが多いんですね。

基本的には韓国とか漢民族にはないんです。戦争中に日本が向こうに行って間にできた子がいるかはわからないけど、それはちょっと置いておきますね。

あと中国の客家《はっか》、彼らはYAPマイナスです。チベットもそうだし、あと、とんでもないところに1つあったんですよ。

それはアフリカです。ちょっと古い話ですが、アベベがいたエチオピアです。

久保　エチオピアですか。

飛鳥　**なんとエチオピアの男性にYAPのマイナスが多いんです。**

久保　ユダヤ人がたくさん入ったところですよね。

飛鳥　もう1つ有名な話があります。あくまで伝承ですが、でも伝説には必ず元がありますから。シバの女王がどうもエチオピア人だったという可能性が極めて高いです。

ソロモンと会ったときに子を宿して、帰国してから男の子を出産したという伝承があります。その末裔がずっと王族を引き継いで広がっていきました。

つまり、**日本、チベット、エチオピア。これを合わせて3段論法でいくと、イスラエル人、ソロモンが、日本人とほとんど同じだったということになってくるんです。**

漢字を日本語で音読すると様々な謎が解ける

飛鳥　大和という地名も、イスラエルで未だに通用しますよ。イスラエルでヤ・ウマトと言ったら、ヤハウェ（神）の民というヘブライ語ですから。そう思うと、おもしろいことになってきます。

日本語の漢字には音読みと訓読みがあるじゃないですか。あれにはとんでもないことが隠されています。

漢字というのは暗号なんですよ。例えば音読みについてです。1つの漢字があったら、中国人と韓国人と日本人の発音は違うんです。

韓半島の上の方に高句麗がありましたね。神話の中に、ここを通ってきた「解夫婁《かいふる》」という王の名前があるんですね。

それを日本語で音読みするとヘブルと読めるんです。中国語では読めません。韓国語では「ヘプル」と読めるようですが、これは日本語の影響を受けた馬韓の末裔に同様の読みが残っているものと思われます。それが今も残っているのでしょう。

もっとおもしろいのは始皇帝です。秦氏は始皇帝がルーツだと言っていましたよね。これには1つ意味があるんですが、この秦という字は、「三人ノ木」と分解できるんですよ。

久保 そうですね。

飛鳥 また3ですよ。それと木でしょう。ユダヤ密数でいう「命の木（生命の樹）」以外に考えられない。

始皇帝については、実は司馬遷が、『史記』という中国最古の歴史書に始皇帝の出所が怪しいと書いているんですね。

親父は中近東を絶えず出入りしていた人で、要は異民族だったんです。豪商ですね。

その名前は漢字で「呂不韋」と書いてあるんですけれど、それを日本の音読みをすると、ロフイと読めるんですね。ロフイというのは、癒し手という意味のヘブライ語なんですよ。

始皇帝は漢民族から見たらアイデンティティを作ったとも言える存在です。世界最初の皇帝とされているじゃないですか。**それが秦氏（＝日本人）だったということになったら、もう中国人の根本が崩壊してしまうんですよ。**

久保　日本人と同族だったということですね。

飛鳥　そうです。同族だったんです。

同族といえば、**徐福は始皇帝と同族でした。**最近の文献を見ると、親戚とされているんです。徐福は、東海の端に浮かぶ仙人の国、蓬萊《ほうらい》──要するに3つの山がある聖なるところ──へ船団を率いて出向きます。そして建前上は失敗して戻ってくるわけですよね。

普通なら首チョンパです。それが再度行かせたわけだから、普通ならありえません。

実はこの徐福は、ちょっと言葉を変えるとジョセフになるんです。そして**Jを発音しないと、ヨセフですね。**こうなるとちょっと大変なことになってくるんですが、時代的にいうと、始皇帝は紀元前ですすね？

久保　はい、紀元前3世紀です。

飛鳥　徐福はいわゆる道教の道士ですよ。道教というのは神道の元だという説まであるくらいなんですから、すごく似ているんです。

籠神社に実は徐福上陸の地というのがあるんですね。それで僕、籠神社の宮司にぶつけてみたんです。「**物部氏の祖というのは徐福ですね？**」と、唐突に言ったんです。

そうしたら、宮司はしばらく考えていましたよ。そしてニャッと笑っただけです。

久保　ほお（笑）。

飛鳥　ノーと言わない以上は認めていることになるんですが、認めるとは言っていないわけですよね。だからツッコミがきても、私はそうとは言ってないよと答えることができる。

つまり、否定しなかったんですよ。ということは、間接的にそうだと言っていると思うんですよ。

徐福は紀元前に、ユダヤ教を持って入ってきたんです。

久保　はい。おもしろいことに、漢字というのは秦の始皇帝の命令で作り始めたともいわれていて、漢字の中には聖書の思想がけっこう入っていますね。例えば船という字は、舟＋八＋口でしょう？口は、人口が人の口と書くように、人の数を表すわけですよ。ですから、八の口の舟というのは、8人が乗った船ということになります。

ノアの方舟には8人乗っていたと聖書に書いてあります。ノアと奥さんとセム、ハム、ヤペテという息子と、その奥さんたちで計8人なんです。

他にも、田とか、禁、造、乱、その他いろんな漢字が聖書の思想からきているようです。

例えば田というのは、四角の中に十字を書くでしょう。聖書には、エデンの園の真ん中から泉が湧き出ていて、4つの川を作っていたと書いてあります。だから田は、そういうエデンの園の光景を表していると思われますね。

飛鳥　なるほどね！

久保　実は、漢字は聖書の思想で作られていたという本もあるくらいで（『漢字に秘められた聖書物語』ティモシー・ボイル著）、そういう面でも秦の始皇帝とユダヤの結びつきはあったのではないかなと思います。

飛鳥　はい。本当に漢字は多いんですよ。「義」という字は、「我は羊」と書きますね。

久保　我の上に羊がおられるとも読めますね。

飛鳥　そう、我は羊、これはイエス・キリストのことです。だから義なんですよ。日本で正月にお屠蘇《とそ》を飲むじゃないですか。

久保　お屠蘇ね。あれは、ほふられて蘇《よみがえ》りですものね。

飛鳥　屠殺《とさつ》したのに蘇ったという。普通、屠の字をあてるということはあまりないですからね。殺したのに生き返っちゃったということです。

久保　そうですよね。甦《よみがえ》ったということですものね。

飛鳥　それを祝うわけですよ。事実イエス・キリストは、過越の祭りを経て捕まって殺されていますからね。そして復活しているんですよ。

だからそれを祝っているというのは、明らかに秦氏ですよね。当時の蛮族とも言える漢民族が、はじめから聖書を知っているわけないんですよ。知っているのはバリバリのユダヤ人ですよ。

ですから、**イスラエルと極東の日本は、始発点と終着点**ではないですか。集まるのは当たり前なんですよ。

それ以前に、**徐福が先に来て物部氏になって、神道を興して、後に神武系が韓半島から入ってきて……**〝新約創世記〟から歴史を読み解きました。

だから国津神（＝物部系）は天津神（＝神武系）に、戦争することなく、国を譲ることができたわけですよ。同じ儀式をしているんですからね。これはすごいことです。ＫＢＳがそこまで分かればたいしたものですけどね。

キリストの本当の誕生月と相撲の四股に隠された秘密

飛鳥　ところで、実は大変なことが分かったんです。去年（２０１２年）末から今年の1月2日までツアーでエジプトに行っていたんですよ。26日といったら当然クリスマスの後ですが、エジプトに行くと、まだクリスマスツリーが飾ってあったんです。

サンタクロースも飾ってあるんです。エジプトといっても10％くらいはキリスト教徒なんですよ。もともとエジプトはコプトといって、全部キリスト教だったんですが、イスラムが入ってきてからひっくり返されたんですよ。

久保　そうですね。

飛鳥　コプトがまだ、10％くらい残っていたんですよ。彼らのためにもクリスマスを祝っているんですね。あと観光客向けに。

それで、クリスマスが終わってるのに、ひな祭りではないけどしまい忘れているのかって、おひなさまだったら嫁さんに行けないところだぞと思ってたら、実は違うそうです。コプトでは、1月7日がキリストの誕生日になっているんです。

久保　はい。

飛鳥　あれ？　って思ったんです。これはグレゴリオ暦だったらそうかもしれないけど、旧暦だと2月7日になるんですよ。正月でもそうでしょう。旧暦の正月は2月じゃないですか。

それから、大昔は過越といったら、過ぎて越すわけだから、年越しのことだったと思うんです。その後で復活が起こるから、復活祭はキリスト教でいうと3月の末とか、年によって微妙に違うんですけど。

久保　3月か4月でしょうね。

飛鳥　それで、どういうことかというと、日本は迎春というじゃないですか、新年を春といいます。その通り、暖かいときじゃないと、羊飼いは羊を放牧しません。12月なんかに羊を放牧なんかしたら、皆死んでしまいます。

これにはいろいろな歴史があるんですけれど、キリストの誕生日が、ローマの祭りを取り込んだことも分かっています。だけど、春ということはほぼ間違いないです。

そういうのを含めて推測すると、**過越の祭りとキリストの誕生日は正しくはコプトの1月7日から推理して、復活祭に近い4月7日じゃないかという仮説が成り立つ**んですよね。もちろん1つの仮説ですけれども。

コプトはある意味原始キリスト教徒ですから、ローマが作ったカトリックの影響を多少受けてはいるものの、元の部分が残っているので、今でもグレゴリオ暦でいう1月7日になっているんじゃないでしょうか。これはおもしろいですよ。

さらにいえば、ユダヤの一日は日暮れで終わり、日が沈むと翌日と計算します。となると、夕方にも月や一番星（宵《よい》の明星）が見えるように、約束の赤星が現れたのは、イエス・キリストの象徴とされる金星が見え始めた時刻、今の4月6日だった可能性も出てきます。

久保　キリストの誕生日にはいくつか説がありますね。普段は12月25日として僕らは祝っていますが、聖書には何月何日とは書いてありません。

でも誕生日は一年のうちのどこかにあるわけだし、はっきりそれが何月何日かわからなくても、やはり誕生日は祝いたいということで、冬至の頃に祝うようになりました。それがコプトでは1月7日になっているんですよね。

飛鳥　そうそう。
久保　最近、ユダヤ人でクリスチャンになる人が多いんですよ。彼らをメシアニック・ジューというんですが、彼らの説によると、キリストは秋に生まれたそうです。
飛鳥　今度は秋ですか（笑）。
久保　はい。仮庵の祭りの最中に生まれたと。
飛鳥　ああなるほど、そうきましたか。
久保　これには、実は確かな根拠があるんです。**『聖書』と『ミシュナー』（ユダヤ教教典）の記録を調べますと、キリストはユダヤ暦第7の月の中頃（太陽暦では9～10月）にお生まれになったことが明らかになります。**

聖書の『ルカの福音書』には、キリスト誕生の6ヶ月ほど前に、バプテスマのヨハネの誕生があったと書いてあります。ヨハネの父は神殿の祭司ザカリヤです。彼は祭司職の「アビヤの組」に属していました。

「アビヤの組」は歴代誌やミシュナーによれば「第8の組」で、ユダヤ暦第4の月の後半を担当していました。その「務めの期間が終わったのち」ザカリヤの妻は、ヨハネを身ごもったと書かれているんですね。

それから5ヶ月経ち、彼女が妊娠6ヶ月目に入ったときに、マリアがイエスを身ごもりました。

そうすると計算できますね。

計算すると、マリアがキリストを出産したのはユダヤ暦第7の月の中頃（太陽暦では9～10月）になります。つまりユダヤの「仮庵の祭り」の頃です。そのときキリストは肉体という仮の宿、仮の庵に宿りました。

このことは異邦人教会には分かりませんでしたが、ユダヤ人はミシュナーなど神殿祭祀に関する記録を持っているので、そこからキリスト誕生の時期を突き止めたのです。だからキリストは太陽暦の9月～10月頃、秋にお生まれになりました。

では、**クリスマス＝12月25日はまったくの見当違いだったのか？　実はそうでもないのです。**

胎児が母親の胎にいる期間は、9ヶ月と10日くらいです。キリスト誕生の太陽暦9～10月から、9ヶ月と10日を引けば、ちょうど12月25日頃になります。

つまり、処女マリアが聖霊によってイエスを身ごもった時期にあたります。受胎の時期は合っています。これは見事ですね。だから私はそういう意味でクリスマスを祝っています。

不思議なことに、**キリストの生涯というのは、全部ユダヤの祭りに関係しているんです。**死は「過越の祭り」のときでした。その死によって人々への裁きが過ぎ越します。

また復活は「初穂の祭り」のときでした。キリストは人々の復活の「初穂」として復活されました。

誕生は「仮庵の祭り」のときでした。キリストは肉体という仮庵に宿られました。まさに神わざですね。

　そして再臨は「ラッパの祭り」のときであろうと言われています。最後のラッパの響きの中に再臨されると。

飛鳥　ラッパって何月でしたか？

久保　ラッパの祭りは、ユダヤ暦7月の1日です。これはユダヤ暦の新年を告げるものです。古い時代を終わらせ、新しい年を告げるためにキリストが再臨されるわけですね。

　キリストの生涯はすべてユダヤの祭りに関係しています。そしてユダヤの祭りはすべてエルサレム神殿を中心に行われます。

　神殿についてもう少し話すと、旧約聖書に「エゼキエル書」というのがありますね。そこに、昔のイスラエル人は太陽を拝んでいたと書かれています。

　イスラエルの先祖たちは堕落して、異教の風習に染まったとき、そんな神様の教えに反することをやっていたと書いてあります。

　神殿というのは東側に入口があるでしょう？

飛鳥　はい。

久保　イスラエルの捕囚以前に、人々はその入口に立って、神殿に背を向けて太陽を拝んでいました。しかし捕囚後のユダヤ人は、「先祖はそうしたけれど、私たちはそうではなく、太陽に背を向けて神殿で礼拝をします」と言っています。

だから、捕囚ののち離散したイスラエル十部族が、日の出る方角に憧れて、どんどん東の方へやって来ました。ついには日本という「日出《ひい》ずる国」にまでやって来た、というのは納得がいくんです。古代イスラエル人は、太陽崇拝、東方憧憬《しょうけい》というのをけっこう持っていたようですね。

飛鳥 そうでしょうね。東といえば、有名なところでは、東方の三博士というのがありますよね。でもね、聖書のどこを見ても3人とは書いていません。

貢物《みつぎもの》は、乳香《にゅうこう》と金《きん》と没薬《もつやく》です。3つ持ってきたんですね。

久保 そうです。

飛鳥 これも3です。彼らは東から来たんです。あのときには、もうほとんど南ユダ王国の末裔しかいませんでした。

失われた十支族は、どこかに行ってしまったんです。東に行ったといわれていますが。キリストが生まれるときに来たのは、間違いなく十支族ですよ。だって自分たちの神が生まれる場面ですからね。

南にいる羊飼いを含めて、あそこで12支族プラス、レビ。最低でも13人は集まったはずなんですよ。

彼らは占星術師と書いてあります。当時は天文学はなかったけれど、占星術はあったんです。

でもこれは、星占いとは違います。星占い術と占星術はまったく違うんですよ。占星術というのは、天界の大時計を見ながら「この時期には種を蒔こう」などと目安を示していたものです。星をカレンダーとして見ていたんですね。

だから聖書は占いを禁止しているけれど、占星術は禁止していないんです。日本では「星占い＝占星術」になっているので話がややこしくなるんですけれどね。

最近のイスラエルの方の研究で出たんですけど、３つのうちの１つの金といわれているのは、実は金じゃなかったようです。「リキッド・ゴールド」というもので、金と同じくらい価値のあるものだったんですよ。

昔、「リキッド・ゴールド」と呼ばれていたのは、「バルサムファー」という木から摂れるオイルです。「乳香」と呼ばれていたのが「フランキンセンス」という樹脂から摂れるオイルで、「没薬」が「ミルラ」というこれも樹脂から摂れるオイルです。

昔、ソロモンやイエス・キリストに贈り物として捧げられたのが、乳香、没薬、金だと聖書には書いてあるけれど、実は「金」というのは昔その地方で「リキッド・ゴールド」と呼ばれていた「バルサムファーの木」から摂れるオイルだったのではないか、とされているらしいんですね。

ヘブライ大学で、そういうことが発表されたと聞きました。これは、「アロマの研究」でわかったことで、主がモーセに作り方を教えた聖なる油についても、マリアがイエス・キリストの足を洗ったという「ナルドの油」も、みんな薬効性のある香りの成分、つまり「アロマの精油」なんですよ。私も、アロマセラピーを知って、聖書の見方が変わりましたよ。

つまり、乳香と金と没薬は3つとも全部、木なんですね。没薬はもともと木でできていますからね。

さあ、世界で最も貴重な木が、3つそろいました。三木家の名前はここからとられています。「生命の樹」の図というのは3本の木で、柱です。

これからは、聖書の概念を変えないといけません。相当の部分で、間違いとは言わないまでも、解釈が狭いと思います。

意外なことに、答えは日本にあります。日本の国旗は長方形の中に丸ですから、コンパスと曲尺《かねじゃく》で書けますすね。もともと聖徳太子が作ったといわれていますが、最初の形は正方形だったんです。

ところで四天王寺に、大きな鳥居があります。お寺なのに、鳥居があるんですね。

久保　はい、入口が堂々と鳥居になっている。おもしろい所です。

飛鳥　本堂に向かって鳥居と宝篋印塔《ほうきょういんとう》が立っています。そこに、日の丸の原型があるんですけれど、正方形に円なんですよ。
コンパスと曲尺というのは、フリーメイソンのシンボルマークです。**日本の国旗は、フリーメイソンのマークで、それを堂々と世界中に公表しているんですよ。**

もっと言うと、日本国旗は上から見たときの土俵の形なんですね。ここで西と東が戦うわけですよね。

おもしろいことに、千秋楽に横綱と大関と関脇の三役は、まず東の力士が三角形に並んで四股《しこ》を踏み、次に西の力士が逆三角形に並んで四股を踏むんです。これを「三役そろい踏み」というんですがね。

久保　合わせると「ダビデの星」の形ですね（笑）。

飛鳥　もう笑うしかないです。幕の内という言葉もありますが、神殿の幕の内側といえば、聖所です。これはずばり、ユダヤの儀式そのままをやっているんですよ。

久保　もう日本文化の隅々に、古代イスラエルの文化が入り込んでいる感じがしますね。

飛鳥　そうです。あり過ぎて分かりません（笑）。

久保　こういう国は他にないですね。

飛鳥　空気のありがたさって分からないじゃないですか、普通。あり過ぎて。

それと同じで、常にあって当たり前状態だから、ぜんぜん分からないんですよね。

漢字は日本人が作った!

久保 シルクロードのあちこちに、イスラエル十部族の子孫といわれている人たちがいるんです。例えばパキスタンとかアフガニスタン、中央アジア、インド、カシミールとかミャンマーとかね。

あと中国にもいるんですが、**古代イスラエルの文化を今もっていろんな形で保持しているのは、やっぱり日本が一番**じゃないかと思いますね。

飛鳥 天皇陛下の元は天照系だといわれていますよね。天照大神の「天」ですが、本当は書き順が違うんですよね。我々は「二・人」と書きますが、下鴨神社では「工・人」と書きます。そこで、天照大神の本当の意味を読み解いてみましょう。

天という字は「工十人」と分解できますね。工人といえば、大工という意味です。照という字は、お日様に召されると書きますよね。その下の点が炎です。

召すという漢字は口に刀と書きますよね。口から刀が出て、右と左に羊と山羊とを分けるという……（笑）。

久保　「マタイの福音書」の、羊飼い（キリスト）が羊と山羊とを分けるために、羊を右に、山羊を左に置いた場面ですね。

飛鳥　そう。続けると、大という字は分解すると「一十人」ですね。これは唯一という意味。神というのは、「ネ」に「申す」でしょう。ネだけでもカミと読みます。

久保　ああ、そうですね。

飛鳥　すべてを合体させると、意味は、**「日の神に召された大工と申す」となります。これが天照の正体**です。

久保　なーるほど、天照大神はイエス・キリストだという主張ですね。

飛鳥　こういう姑息なしかけがいっぱいしてあるんです（笑）。

要は暗号ですよね。この暗号はさっきも言ったように、日本語で音読しないと解けないんです。

「漢字破字法」というのがあって、もともとそれを意図して作ったシンクタンクの人々がいたんです。
この基を作った人々の一部が、先に徐福の一団としてやって来て、後で神武天皇がやって来た。日本は、実は中国から漢字を学んだのではないんですね。もともと漢字を作った側なんですよ。作った側だから、聖書を知っているんですね。
蛮族の中国人が知っていたとはとうてい思えません。まして秦人ではない馬韓の人たちが知っていたとは思えないのです。
知っていたとしたらむしろ、その当時大和民族が治めていた、新羅の影響を受けただけじゃないかと。だから何を言いたいかというと、**漢字を作ったのは日本人なのです。**

久保 今度中国人に会ったら、それを言ってみたらいいかもしれませんね。

飛鳥 怒り狂うと思うんですよ。でも彼らを黙らせるのは簡単なんです。共産主義という言葉を作ったのだって、福沢諭吉ですから。

久保 中国で使われている言葉の中には、日本語がけっこう多いんですよね。

飛鳥 めちゃめちゃたくさんありますよね。

久保 昔、日清戦争の後に、中国人が2万人くらい日本に留学して、いろいろな日本文化を学んで帰りました。彼らが中国に帰って近代中国を作ったのです。だから、中国語の中に日本語の漢字の用語がけっこう入っているんですね。例えば、広場とか、人民、共和国、社会、主義、改革、開放、革命など。

また、いろいろな技術、産業とか科学に関する中国語には、日本語が基になった漢字がけっこう入っています。

飛鳥　それを調べた人がいました。明治以降に作った漢字はどんどん崩してわかりやすくなってきましたよね。今の中国の人たちが使っている漢字の32％が、メイドインジャパンなんです（笑）。

久保　黄文雄という方が書いてますね。台湾系の歴史家の方ですね。

飛鳥　だから、漢字は日本製なんですよ。もっというと、秦氏が作ったんです。

久保　つまり、秦氏が中国にいたときに漢字を作った。そういう意味で日本人が漢字を作った、という論点ですね？

飛鳥　強力なシンクタンクがいて、その一派が始皇帝についていたんです。当時の金文文字とか甲骨文字とかいろんなものを集大成して漢字を編さんしたんですが、そのときに聖書をどんどん取り込んだんです。

例えば甘露《かんろ》。今の日本人は言いませんが、昔は甘露という言葉が一般的でした。甘い露と書きますが、あれはマナのことですね。

久保　甘い露のように天から下ってできた食べ物ですものね。荒野を放浪していた古代イスラエル人は、そのマナを食べました。

ラビ・トケイヤーと飛鳥昭雄氏

「コカコーラ」も「エリコーヘン」もそのままヘブライ語で読める！

飛鳥　食べるとウエハースのようです。そのマナを調理した板を、、、まな板っていうんです。

久保　そうそう。

飛鳥　そして日本語は漢字、平仮名、カタカナ。カタカナは昔のヘブライ文字によく似ていますね。学者たちは完全に無視するんですが、一緒ですからね。

久保　だからラビ・トケイヤーが最初に日本に来たとき、当時の羽田空港に降り立ったんですが、広告に「コカコーラ」というカタカナが見えました。ラビ・トケイヤーはカタカナは読めません。ところが、それをヘブライ語の文字として、ちゃんとコカコーラと読めたというんです。実際に似てるんですよね。

またイスラエルの元駐日大使エリ・コーヘンさんの名前も、カタカナでそう書くと、それをヘブライ文字としてちゃんとエリ・コーヘンと読めます。

飛鳥　そっくりですからね。でもアカデミズムは一切無視、絶対に認めませんね。

日本人が使っている言葉には外来語もあれば、僕なんかにはわからないギャル語もあったり。あと目上の人、下の人、同じ立場の人に対して、話し方を変えたりもします。

日本人は、人の年齢を聞くことが多いですよね。自分より上か下かを確かめたいんです。それに応じて、言葉を変えるからですよね。それがはっきりしないと、話が進まないんです。

これだけのことができる民族は、世界で日本人だけですよ。もともと、暗号のような言語を使っているんです。同音異義語がいい例で、ワードに文字を打ち込むとドッと同じ発音の漢字や熟語が出てきます。これはまさに暗号ですよ。

だから日本人は駄洒落が得意で、駄洒落の中に秘密を隠したんでしょう。その点でいえば、漢字はすごくよくできていて、どれをとってもおそらく聖書が隠されています。そら恐ろしい話ですよね。

アミシャーブの調査の最新状況

久保　では次に、最新情報を求める方が多いであろうと思われる、エルサレムのイスラエル十部族調査機関「アミシャーブ」について少しお話ししますね。

数年前にアミシャーブの方が４人みえました。アミシャーブの代表ラビ・エリヤフ・アビハイルと、その息子ラビ・ダビデ・アビハイル、またスタッフのマイケル・グロス氏とその奥様です。

日本でいろいろと調査をして、講演会も開いたんですが、彼らと話をした限りでは、やはり日本にイスラエルの十支族が来たということは、もう確信している感じでした。

そのときは3回目の来日だったんです。初めての来日のときはまだ調査中ということで、あまりはっきりとは言わなかったんですね。2回目も、ちょっと可能性があるという感じだったんですけれども、3回目にはもう、はっきりとそう語っていました。

やはり日本はシルクロードの終点でもあり、イスラエル十支族はその終点まで来たというのを確信しているようでしたね。

その後、メールでいろいろとやりとりしたんです。アミシャーブは、シルクロードの例えばアフガニスタンとか、パキスタンとか、中央アジア、インド北部、ミャンマー、中国などでイスラエル十部族の子孫に出会うと、彼らにユダヤ教を教え直すということをしました。

特にインド北部やミャンマーに住むシンルン族との関わりは有名です。シンルン族は、自分たち自身をメナシェ族とも呼んでいて、これは聖書でいうマナセ族です。イスラエル十支族のうちのヨセフの子孫ですね。

もちろんそれまでもずっと、彼らは古代ユダヤ教の風習・習慣を保っていて、自分たちはイスラエル十支族の子孫だと思っていたんですが、彼らをイスラエルに帰すために、アミシャーブの人た

神社とユダヤ教会の構造は驚くほど似ている！

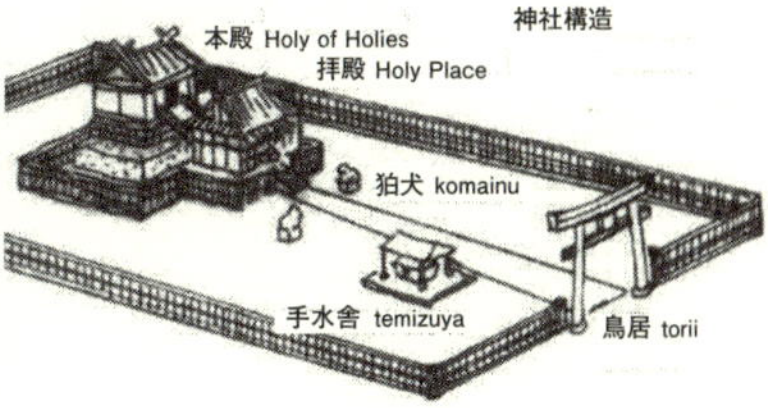

神社の構造

ちが彼らにユダヤ教を教え直して、実際に1000人以上がイスラエルに帰還しているんですね。

そういう働きをしてきたのが、アミシャーブです。彼らはさらに、チベットの北、中国の山岳地帯に住んでいるチャン族の所にも行って、彼らがやはり古代イスラエルの宗教の流れを汲んでいるということを発見しました。

僕たち日本人とほとんど変わらないような顔をしていますが、古代からイスラエルの習慣を受け継いでいたのです。そこで、アミシャーブも彼らを十支族の子孫だと思っているわけです。

アミシャーブの人に、「日本のどの点が最もイスラエルの風習と関係があると思いますか？」と聞きましたら、やはり「神社だ」と言っていました。

神社は特に、敷地があって誰でも入れる領域と、祭司・神官だけが入れる領域と、中でも一番偉い人だけが年に数回だけ入れる本殿と、3つの場所に分かれています。神々をかたどった偶像というものはなく、目に見えない神を拝んでいます。

もちろん、象徴するものというか、神々が降臨するための神聖な場所ということを示すための鏡や刀、御幣《ごへい》などはありますが、これらは偶像とは違います。古代イスラエルの幕屋でも、至聖所には契約の箱の中に三種の神器（十戒の石の板、マナの壺、アロンの杖）があったけれども、それらは偶像ではありませんでした。それと同じです。

単にそこが神聖な神の霊の降臨する場所であるということを示すために置かれています。神社もそうなのです。

目に見えない神を拝み、偶像は置きません。そのあたりがユダヤ教と一緒ですね。

キルギスに、先ほど言ったリズベクという人がいるんですね。彼はアメリカ系の人だと思いますが、キルギスには日本語と似た言葉がたくさんあるよとメールに書いてきたんです。そういう本も見せてもらいましたが、**キルギスの言葉と日本語は意味も発音も本当によく似ています。**

最近彼は『Lost and Found』（失われて見出された）というタイトルの本を出したんですが、すごくおもしろい本でした。それをアミシャーブの人たちに紹介したら、驚愕してしまいましてね。

キルギスというのは中央アジアの国ですが、僕の考えでは中央アジアといえば秦氏の故郷でもある。キルギスはカザフスタンの隣で、弓月と呼ばれた秦氏が住んでいたところがすぐ近くなんです。

僕は、イスラエルを出た十支族というのは、だいたい2つの経路を通って日本に到達したと考えています。1つは北の方のルート、もう1つは南の方のルートです（68ページ地図参照）。

北の方のルートを行った人たちがちょうど中央アジアに行ったと思います。秦氏がいたあたり、キルギスのあたりですね。

この話は前にもしましたが、キルギスにはマナス叙事詩というものがあって、リズベクによると、マナス叙事詩の中に記されたキルギス人の先祖マナスと、聖書のマナセは同一人物と考えられます。なぜなら両者とも父はヤコブといい、両ヤコブには12人の息子がいたからです。

また、キルギスには、イスラエル十支族の風習と同じものがいろいろあるということが本に書いてあります。その本を読んで、アミシャーブの人たちは、再びマナセ族を発見して驚いたわけです。

アミシャーブは北インドとかミャンマーのあたりでもマナセ族を発見しましたが、マナセ族はキルギスにもいました。自分たちのマナセ族の研究はまだ終わっていなかった、だから今度キルギスに調査に行くと言っていました。

つまり**十部族の1つマナセ族は、中央アジアのキルギスの辺りを通り、そののち中国へ行きました。中国の開封辺りに行ったが、戦乱と迫害の中、二手に分かれました。1つは、南下してチベット付近に移り住んだチャン族やシンルン族。そしてもう1つは、さらに東に行って日本列島に達し日本人になりました。**だからこれらの人々は、Y染色体D系統という遺伝子的な面でもつながっています。

特に秦氏はマナセ族の血が濃いかもしれませんね。他にも入っているかもしれませんが。

聖書と日本の神話との類似

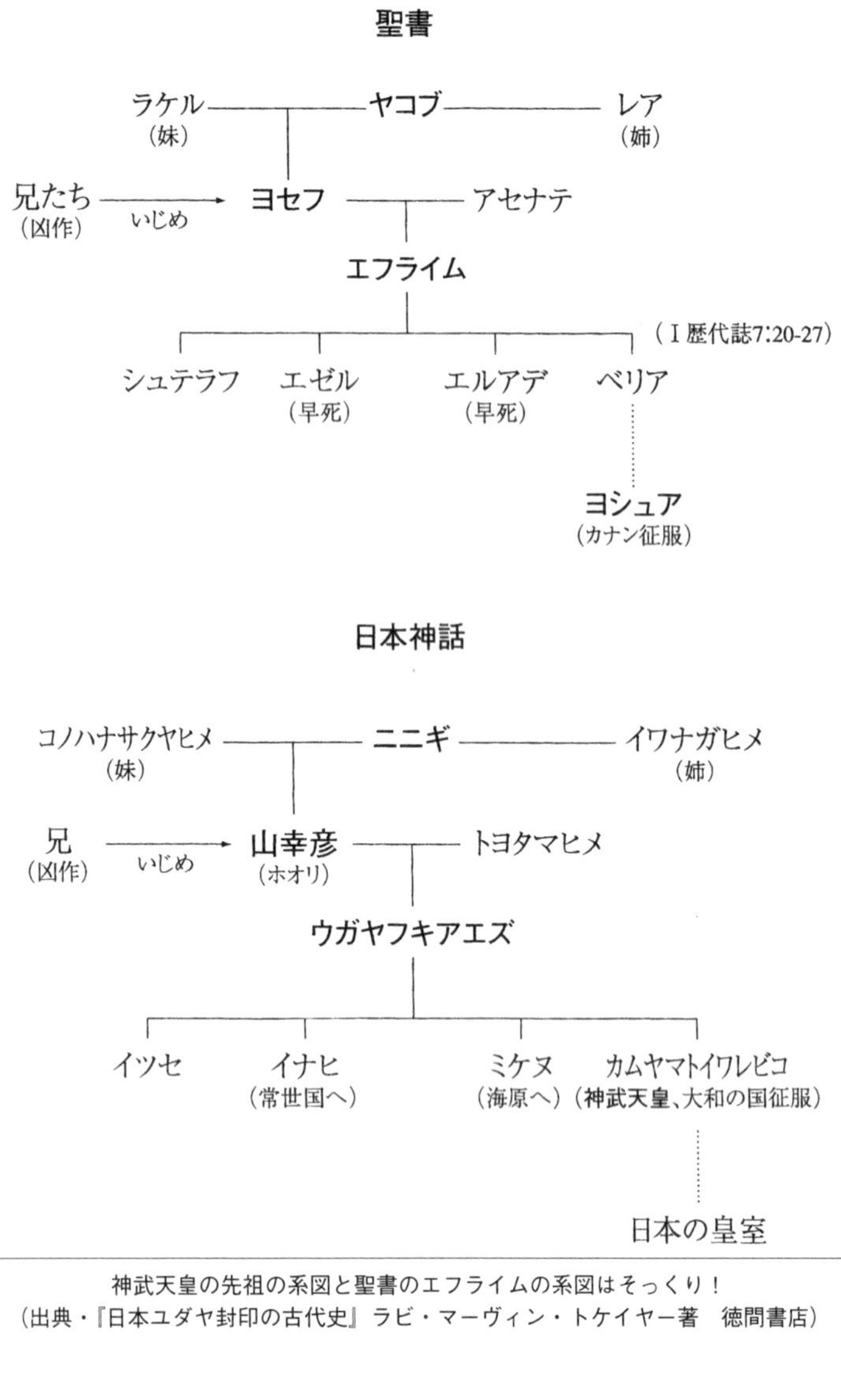

神武天皇の先祖の系図と聖書のエフライムの系図はそっくり！
（出典・『日本ユダヤ封印の古代史』ラビ・マーヴィン・トケイヤー著　徳間書店）

マナセ族はたいてい、エフライム族と行動を共にしています。シンルン族などにもエフライム族の血が入っているともいわれています。だから日本には、マナセ族だけでなく、エフライム族も来ているはずです。

マナセとエフライムというのは同じくヨセフの子孫なんですよ。だから、たぶん一緒に行動したのだろうと思います。ほかの部族も日本に来ていると思いますが、特に彼らはイスラエル十部族のうち最も中心的な部族です。

エフライム族が日本に来ているという証拠の1つは、天皇家の系図です。神武天皇の先祖の系図を見ると、聖書のエフライムの系図にそっくりなんです。固有名詞は変えられているけれども、骨組みがまったく一緒で、驚くほど似ています。どうみてもエフライムの系図がベースになっているとしか考えられません。

だから私は、天皇家はエフライムの系統を汲んでいると考えています。エフライム族がイスラエル十部族の王家であったように、彼らは日本に来てからは天皇家となっていると。

秦氏は、日本に来たイスラエル十部族の子孫の一部です。秦氏が日本に来る前から日本には神道があり、天皇家もありました。秦氏はその神道を発展させ、天皇に仕えました。

日本に来たイスラエル十部族には、このようにいくつかの波があったんです。**おそらく紀元前にイスラエル十部族の第一の波の人々がやって来ました。それが物部氏系の古神道として日本に根づ**

いたのでしょう。また天皇家ともなっていきました。

それから紀元後に秦氏がやって来て、彼らは日本で神社神道を発展させました。

天皇家のルーツはエフライム族ではないか

飛鳥　シャハン教授のホットなニュースもありますよね。

久保　はい。すでにお話しましたが、今年（2013年）、アビグドール・シャハン教授というイスラエルの歴史学者が来て、神戸と東京で講演会を開いたんですね。

彼は「日本に、エフライム族を中心としてやって来た人たちがいた」と、ものすごくはっきり言っていました。だから講演会で、私たち日本人に、「エフライム族の皆さん」と呼びかけたんですね。

飛鳥　日本人はエフライムが多いんですよ。僕はマナセらしいんですがね。

久保　日本に入ってきたのは、十部族全部ではなくていくつかだと思うんですが、特に、エフライム族を中心として来たんじゃないかと思います。

聖書の預言によれば、エフライム族は今、世界のどこかで王権を持っているはずなんです。日本の天皇家はそういう流れを汲んでいると思います。

今イスラエルにいるのは、ユダ族を中心とした人々です。ユダ族はダビデ王やソロモン王を出した王家の部族です。

そして、南王国ユダの流れを汲んでいるんですが、**聖書には、終末の時代に、ユダ族と、エフライム族を中心とする十支族とが合体するという預言があるんです。**両者の王権が結ばれると預言されています。

ということはですね、どこかにエフライムの流れを汲んだ王家が存在していなければなりません。世界のどこかに、エフライムの王統を継いだものがいるはずです。

そうすると、世界の中で流れの途切れない、万世一系の王統を継いだものといったら日本しかないんですよ。日本の天皇家というのは世界で一番古い王家ですからね。

そういう意味で、日本の天皇家というのはエフライムの流れを汲んでいるんじゃないかと私は思っています。

飛鳥　東京の浅草寺の境内の端に浅草神社がありますが、浅草神社の俗称を「三社《さんじゃ》さま」といいますね。三基の神輿が練り歩く「三社祭」でも知られています。

つまり、三社の意味は聖書の父と子と聖霊となり、同時に記紀神話に登場する三柱の神々（元初三神）を暗示しています。

興味深いことに、天皇家は武烈天皇と継体天皇の間で断絶が起き、以後、戦う天皇から神事を行う天皇へと変わります。南北朝時代に偽物の北朝系天皇が起き、それが幕末まで続きますが、明治天皇から南朝系に代わりますね。

この経緯は別の所で語ることになりますが、要は、神道の儀式を行う大宮司（大祭司）が天皇陛下となり、神事である以上、神殿職のレビ族がその正体となります。

12支族とはいっても、その中で婚姻があったのは当然で、京都の女性と江戸の男性が婚姻を結ぶことが流行ったように、家同士の格式の違いがあっても、エフライムの血がガド族と混じっても、民族的には何の問題も起きないと思います。ただし、レビは特別な神殿職という支族で、基本的に一子相伝の家系なので、他の支族と婚姻を結んだ者は、その支族から排斥されたと思います。

イスラエル政府が外務省を通して、日本人のDNA検査を申し込んだ

飛鳥　アミシャーブといえば、ラビ・アビハイルがいますね。２００６年3月、僕は、先ほど登場した畠田さんと、学研パブリッシングのミカルの3人で、エルサレムに行ってアミシャーブを訪れたんです。ラビ・アビハイルが日本に頻繁に来るようになった年の前年にね。ミカルというのは「月刊ムー」の三上丈晴編集長のことで、ミカミタケハルを圧縮した俗称です（笑）。

そのときにミカルが持って行ったのが、当時一番高かった御神輿のプラモデルだったんです。それを進呈しました。つまり、日本にアークがあると言いたかったんですね。

それで、失われたイスラエルの十支族が日本に来ているということを、延々3時間くらい話したんです。それを牧師の畠田さんが通訳しました。

向こうはある意味でユダヤ教のトップじゃないですか。アミシャーブという組織のトップがアビハイルさんなんですからね。

だからものすごく頑《かたく》ななんですよ。「日本にも十支族がいるよ」といくら言っても最初は信じなかったんです。

御神輿を見せて、これはジャパニーズ・アークだと言いました。上に乗っている鳳凰《ほうおう》は、実はオスとメスで、本来は左右にいるべきもので、羽を広げていると言ったんです。

これは神社の地祇《ちぎ》と一緒の構図だと言ったんですが、彼はずっと、「そんなことはない。ノーノーノーノー」と言っていました。当たり前ですよ、最初は信じませんよね。

久保　最初はね。

飛鳥　そう。最初はそうでした。すべて否定から始まるんですよ。

それで、「そんなに疑うなら、実は天皇家には三種の神器があって……」と説明したんですよ。「三種の神器もアークも日本にあるのに、日本に来たことがないなんて恥ずかしいよ」と言ったんです。

すると彼は、「自分の方でも、第3神殿のパーツはすべて作ってあるから、必要があれば即座に持っていって、すぐに組み立てられますから」って言うんですね。第3神殿というのは、キリスト再来（再臨）が間近になったときに、エルサレムに再建される、ユダヤ教の神殿のことですね。

神殿の完成時には、傷がない完全な赤い雌牛を焼かなければならないとされていますが、その赤い牛も、もう選定されているそうです。どうもこの**赤い牛というのは、日本産らしいんですよ。**

久保　おっ、日本産！

飛鳥　これははっきりしていないんですけど、日本の系統の牛だと聞いたことがあります。だって、今のイスラエルには赤い牛はいませんからね。

三種の神器も作ってあるそうです。作成するための設計図が旧約聖書に出ていますからね。

「でも、それはモーセが作ったんじゃないでしょ？　本物が欲しいでしょ」と言ったんですが、「いや欲しくない」と頑として言うわけです。それで終わったんですが、翌年から頻繁に日本にやってくるようになったんですね。

久保　そうですか。じゃあ、飛鳥さんがそうやって言ってくれたからなんですね。

飛鳥　火付け役ですね。でも最初に話したときは絶対に認めませんでした。最初は否定しましたが、時間が経ってきて、彼ら同士で話をしたんでしょうね。ユダヤ人は話好きですから。

ホテルや、いろんなところで必ず2人か3人集まって、話し込んでいますよ。もう論理好き、論争好きですね。

久保　そういう中から、いろいろ新しいものが生まれてくるんでしょうね。

飛鳥　きっとそうですね。そのニュースをキャッチして、みのもんたの番組「新説!? みのもんたの日本ミステリー!」（テレビ東京）で何度も取り上げられたことがありました。天皇家とユダヤのことを、堂々とテレビで放映したのはTV史上初めてなんですよ。

久保　はい、そうですね。

飛鳥　天皇家とユダヤについて、テレビ東京以外の民放局は怖くてやらないんですよ。すごいと思います。テレビ東京はいつも先駆者ですからね。

その後、3回くらい特集でやりました。久保さんも、参加されたんですよね。

久保　はい。

飛鳥　諏訪大社とか、ついて来ませんでしたか?

久保　ついて来ました。僕の車にアミシャーブが乗って、後ろにテレビ局のクルーたちが別の車でついて来ました。

籠神社にも行きましたね。ただ、籠神社の宮司も最近、神社本庁からいろいろ言われているみたいです。あんまり核心を突いたことは言ってくれなかったんですよ。

飛鳥　なるほどね。

それから、最近アメリカの正式な、国が作っている機関の世界地図で、伊勢神宮が前はシュラインとされていたのが、テンプルに変わりました。

久保　ほお。

飛鳥　これって大変なことなんですよ。シュラインというのは、例えばパルテノン神殿などですね。昔は聖地だったけれど、もうすでに遺物という意味を含みます。

対して、テンプルというのは寺院という意味です。人が頻繁にお参りしたりして、要は生きているということなんですよ。生きている神殿という意味です。

去年末からアメリカでは、伊勢神宮をテンプルというようになりました。これは意外と知られていません。

久保　なるほど。

飛鳥　急にですよ。

久保　エルサレムの神殿も、テンプルと呼ばれていますものね。

飛鳥　そうなんです。同じ扱いになったんですよ。それには、アミシャーブの情報が大きな影響を与えています。

久保　なるほど。

飛鳥　イスラエルとアメリカのつながりは強いですからね。だから、我々の動きが、そうした流れにも影響を与えているともいえますよね。

久保　アミシャーブはもう、世界的に有名で、注目されていますからね。

飛鳥　そうそう。権威があります。アメリカではユダヤのロビー活動がすごく活発なんです。アメリカとユダヤは太いパイプでつながっていますからね。

だから、最近来日するユダヤ人は、日本人に対して皆「同士よ」とか言うじゃないですか。2007年8月、東京の国会議事堂近くにある憲法記念館で、会が開かれたんですね。そこに、前の駐日イスラエル大使のコーヘン氏や、イスラエルのモサドも含めて、大臣クラスが来たんですよ。

会は6日と7日の2日間あったんですが、初日の開口一番、「日本の同士よ」ですよ。これは彼らが日本人を仲間だと認識したということを宣言したんですね（笑）。

久保　もう同胞という意識があるんでしょうね。

飛鳥　同胞ですね。要は、こういうことなんですよね。あのとき来た理由の1つが、東南アジアのイスラム教の人々に対しての対策です。イスラム教では奥さんを4人持てるから、ものすごい数に増えていくんです。

ユダヤ教もキリスト教も一夫一婦制でしょう？　数的に負けてるんですよ。特に東南アジアはものすごい勢いで増えていますからね。

「不安定の弧《こ》」という言葉がありますね。弧とは弓です。アフリカからバルカン半島、中東を通って、東南アジア、朝鮮半島までの紛争多発地域のことを言うんですね。

アメリカの世界戦略で、米軍によるその地域への関与の強化を主張していました。それと呼応していると思います。

要は、イスラエルと日本が手を組んで、間にあるイスラム教の脅威を封じましょうということでしょう。

久保　はい。

飛鳥　それで、衆参両院の日本の国会議員たちはびびりまくっていました。うかつな返事はできませんから。

久保　イスラムを敵に回したら大変だというのは分かりますからね。

飛鳥「ご意見は承りました」とか、そういう答えで上手くごまかしていましたけれどね。彼らは超党派のグループでした。

つまり私が言いたいのは、水面下ではそういう形でイスラエルはけっこう日本に接近しているということです。東京の麹町《こうじまち》にあるイスラエル大使館、あそこに例のアビハイルと息子さんと2人で……。

久保　はい、ダビデ・アビハイルね。

飛鳥　はい、彼らとミカル編集長を含む数人で行ったんですね。まだ当時は在日イスラエル大使はコーヘン氏でした。そこで戦略を練ったんですよ。

まず、イスラエル政府が外務省を通して、日本人のDNA検査を正式に申し込みます。もう1つは、アビハイルのじっちゃんが今上天皇陛下に拝謁する件ですね。そんなとてつもない計画をやったんですね。

久保　それは実現して欲しかったです。

飛鳥　イスラエル大使館で、コーヘン氏を含めて話し合いをしたんですよ。結論をいうと、まず血液検査は日本の外務省が拒否しました（笑）。当たり前といえば当たり前なんですけど。

久保　まあ、なにかすごい結果が出たら、逆に困るというのもあるでしょうね。

飛鳥　ありますね。でもDNA検査なんて、やる気があったらいくらでもできます。口を付けたコップからもDNAなんて採取できるんですから。モサド（イスラエル諜報機関）なんかはそんなこと普通にやるでしょう。

次に、今上天皇陛下は当時、ちょっと体を壊されていたんですよ。そこで時期を見てということになったんです。だからあのじっちゃんは早く会いたいようなんです。

会って何を言うか、結論は決まっています。「三種の神器を返せ」。

久保　ははは……。

飛鳥　正々堂々と、表門からですよね。このやり方が、どうせ拒否されるのは分かっているわけです。でも、拒否されたという事実が欲しいんですよ。

久保　ああ、なるほどね。

飛鳥　私はフィクサーのような役割をもって裏で動いていて、彼が表で動いてくれています。陰と陽になっているわけです。だから、今回こういう話を暴露するというのは大変なことなんですよ。

そして、**アミシャーブとイスラエル大使館というのは、実際、一体で動いているんですね。**

アミシャーブとは違うルートで調査を続けるアビグドール・シャハン教授

久保　当時、エリ・コーヘン元駐日大使は、日本とイスラエルの古代王家のつながりをかなり研究していたんですね。以前、イスラエル大使館に行ったときに、彼が自分で書いた「イスラエル人と日本人の類似点」という短い論文を見せてくれたんですよ。

飛鳥　麹町に行ったんですか？

久保　はい。アミシャーブが来る前にも、私は彼に何回か会っているんです。彼自身イスラエルと日本の古代のつながりに気づいていましたし、アミシャーブを紹介したらすごく喜んで、それでイスラエル大使館でアミシャーブと会談する機会を持ってくれたんですよ。

飛鳥　そういえば久保さんは「日本イスラエル親善協会」の理事ですものね。すごいですよね。親善協会の理事って普通の人はなれませんから。当然ながら、イスラエル大使館にも、顔は利きますものね。

久保　顔は利きますが、当時僕はまだ親善協会の理事ではありませんでした。理事はともかく、親善協会は、イスラエル好きなら誰でも会員になれるんです。

そこはいろいろな方の集まりですし、日ユ同祖論を支持する方も支持しない方もいます。私は理事とはいっても、親善協会を代表して話しているわけではないんです。

飛鳥　なるほどね（笑）。久保さんはプロテスタント教会では異端児扱いされていますものね。

久保　ははは。異端児扱いされるくらいでちょうどいいんです。僕は親善協会や「聖書と日本フォーラム」以外にも、日本のプロテスタントの中心的な人々と共にけっこう大きな伝道団体の理事もしていますし、僕を買ってくれる人たちも大勢います。

聖書66巻すべて信じているという点でも正統的です。一方ではセンシティブな問題に対しても、はっきり自分の信じることを述べてきました。それで、嫌う人たちもいます。

けれども、論戦なしに進歩はないでしょう？　逆さ言葉に「反対派は異端派」というのがありますね。前から読んでも後ろから読んでも「ハンタイハハイタンハ」になります。

飛鳥　はい、その通り（笑）。

久保　だから、いずれ逆になります。いま反対している人たちがやがて異端になって、僕らは正統派になる、という日が来ると信じてやっていますよ。

飛鳥　あと、僕から言わせてもらうと、**北インドとミャンマーの十支族の子孫のメナシェですが、**

日本に伝わってくると、メナシになるんです。のっぺらぼうみたいですね。

ただ、おもしろいことに、奈良県には春日神社の数がむちゃくちゃ多いんですよ。

普通、神社というのは「北斗信仰《ほくと》」といって、だいたい拝殿が北側にあるんですが、ここは方向が一定でないんです。どうしてかというと、1つの場所から拝むと向こうに春日神社があるんですよ。

久保　はい。

飛鳥　そこから拝むと、その方向にはまた別の春日神社があるわけです。そして、全部を合わせていくと地上絵になります。巨大な巨人の絵になるんですよ（写真参照）。

巨人は剣を持っているんです。盾を持っていて、顔の部分にメナシ山というのがあります。反対を向いています。そして、くちなしの花があります。

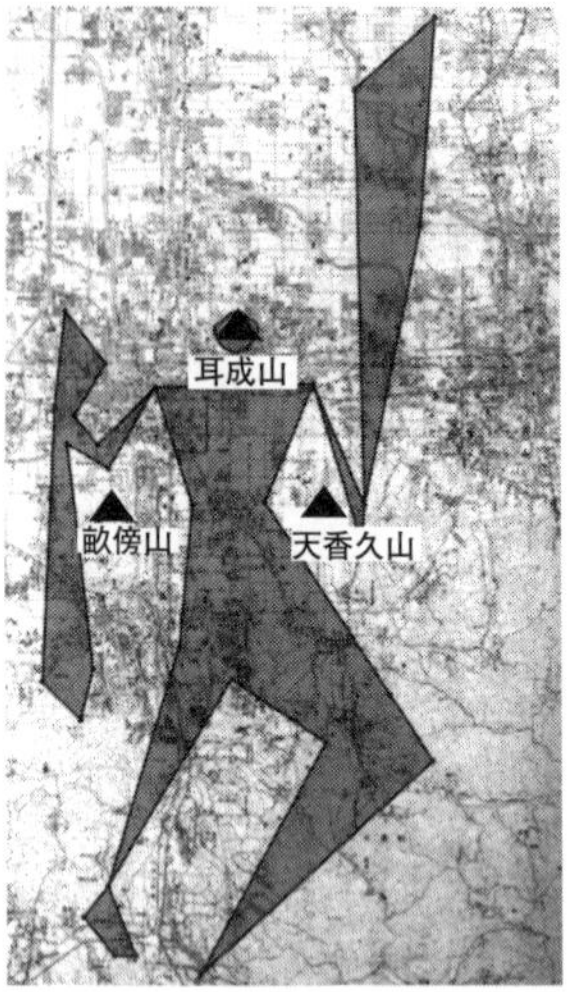

久保　はい。

飛鳥　耳成川が流れています。

久保　へえ（笑）。

飛鳥　で、この形はオリオン座そのものなんです。三ツ星です。三柱なんです。

久保　ほお、三柱。

飛鳥　そこにある春日神社は、奈良県にある有名な春日大社とはまったく関係ないもので、春日神社群といって、日本にあるのはここだけです。これがもしそのメナシェと関係するとなると、これは大変なことですよね。

これらは、実は藤原京にあるんです。藤原の元はヨセフ系という可能性があります。名前付けが語呂合わせみたいで、無理やりみたいで申し訳ないんですが、地上絵があるということは間違いありません。この地上絵が、オリオン座の形をしているということは、作った人は古代ギリシア文化圏、つまり古代ローマの勢力圏（中近東）から来たと言えるんじゃないでしょうか。

久保　そうしたことも日本にメナシェ族、マナセ族が来たという証拠になるかもしれませんね。

興味深いのは、北インドとミャンマーにいるメナシェ族です。シンルン族と呼ばれる人たち——十支族の子孫ですが——は実は民族学的にいうとチベット系なんですよ。

あと、中国の西南部、南西部にチャン族がいると言いましたが、彼らも民族学的にいうとチベット系なんです。もとは同じで、イスラエル系チベット人です。

ですから、チベットの南にいるのがシンルン族、北にいるのがチャン族なんですよ。彼らの伝説によると、戦乱があって分かれて住むようになってしまったけれど、もともとは1つだったみたいなんですよね。

もともと彼らはそこにいたわけではなくて、その前は中国の開封のあたりにいたらしいんです。

飛鳥　位置的には極東に近いですね。
久保　はい、チベットのずっと北の方、極東に近くなります。
飛鳥　北の方というと、ステップロードですね。
久保　中国の戦乱の時代に、民族がけっこう分断されてしまったみたいなんですよ。
飛鳥　春秋時代ですか？
久保　五胡十六国時代（３０４年の漢の興起から、４３９年の北魏による華北統一までの時代）あたりですね。
飛鳥　始皇帝の前ですか？　後ですか？
久保　後です。その戦乱の時代に民族が分断されて、南方に行った人たちがメナシェ族やチャン族になったのだろうと思われます。さらに東の方に行った人たちが朝鮮半島を経て、日本に来たんだろうと思います。
　実際にＤＮＡを調べると、チャン族にはＹ染色体のＤ系統が23％あります。これは、世界でも非常に高い率なんですよ。日本人はＹ染色体のＤ系統が40％ぐらいあるんです。
飛鳥　高いですね。
久保　はい。だからそのＤ系統という面では同じなんですよ。
飛鳥　チベット人と一緒なんですよね。あと孫文の一族もそうだと聞いています。

久保　ほお、孫文もDですか？

飛鳥　はい。というのも、孫文の出所です。あの辺りが全部、漢民族というわけではないということです。客家《はっか》ですね。あの辺りも非常に怪しいです。

久保　なるほど。

飛鳥　中国が漢民族だけで成り立っているわけではないということが分かりますよね。孫文はしょっちゅう日本に来ていましたよね。

弓月の近く——近くといってもちょっと外れますけれど——少し西ですね。実は、始皇帝のいた秦というのは一番西端だったんですよ。

後に秦は東に移りますが、もともとは極東ぎりぎりのところにあったのです。

司馬遷の史記によると、始皇帝の出所は怪しいと書いてあるんです。「漢民族ではない可能性が極めて高い。嫁いできた女の腹にもともといた」と示唆しています。その父親は、前にも言いましたが、日本語で音読するとロフイと読めるんですね。

久保　はい。

飛鳥　ロフイは、ヘブライ語では「癒し手」という意味です。日本語で音読すると、みんなヘブライ語になってしまうんですよ。漢民族が読んでも駄目、朝鮮民族が読んでも駄目、日本人が音読すると、ヘブライ語になってしまうんですね。

おもしろいのは朝鮮半島に入ってきた「解夫婁」ですね。ちょうどその頃の高句麗の付近に降臨した神であり、王の名前はヘブルです。

ヘブルはヘブライという意味ですからね。しかし、これも日本語で音読しないと正確に解読できません。

日本人は完璧にヘブル系ですね。**日本語にはマスターキーが用意されているんです。**もっと肝心なことがどんどん分かってくると、ほとんどがヘブルに変換できるはずですよ。

他にも、徐福だったらジョセフですから。今わかっていることは、始皇帝と徐福は「瀛」の姓で同族だということです。同族だから、首チョンパしなかったのです。

久保　そういうことですね。

飛鳥　史記によると、始皇帝が自分が永遠に生きたいからどうのこうのと書いてありますが、どうも永遠に関わる国が東海の沖の蓬萊にあり、三上山という聖なる山があって、そこに徐福を通して何かを送り込んだらしいのです。

籠神社の宮司に、「物部氏のルーツは徐福ですね？」と聞いたとき、否定しなかった話はしましたね。にっこり笑ったんですよね。嬉しそうでしたよ（笑）。

籠神社には、マナの壺があったと言うのですが、そうなると当然、「ではそのマナの壺を持ってきたのは誰だ？」となりますよね。マナの壺は、ユダヤの三種の神器のうちの1つですからね。

金でできていて、モーセが作らせたものです。これがあったと籠神社は言っているんですからね。籠神社のある場所は、与謝《よしゃ》という地名なんですよ。そこに真名井神社がある。真実の名前と書きますね。そこの御神体がマナの壺で、それが今、伊勢神宮の外宮にあるというんですから……（笑）。だから、伊勢は当然ながらテンプルになりますよ。

久保　はい、そうですね。

飛鳥　こういう情報がアミシャーブを通して、アメリカ政府の一番中枢まで行っているということですよ。知らないうちに、ひょっとしたら我々が世界史を動かしているのかもしれません。

久保　かもしれませんね。いや僕もね、古代イスラエル人が古代日本にやって来たというのを英文で書いて、ウェブサイトに出しているんです。すると、毎日100から200くらいのアクセスがあるんですね。しかもだんだん増えています。

飛鳥　すごいですね。

久保　他のサイトにも、私の文章がそっくりそのまま引用されていたりします。それから、みのもんたさんの番組も、誰かが英語の字幕をつけてくれて、YouTube で見られますね。

飛鳥　久保さんは英語ができるから、その分発信力が大きいですよ。

それから、私はシャハンとも会っているんですよ。2008年6月に来日したときです。

あのとき彼がはっきり言っていたのは、アメリカのネイティブアメリカンは、もう100%ユダヤだということでしたよ。

久保　国立アリエル大学のシャハン教授も、シルクロードのあちこちに今もいるイスラエル十部族の子孫をいろいろ調査したんですね。日本にも来て、伊勢神宮にも京都にも剣山にも行っています。私も教授を、明治神宮や諏訪大社にお連れしました。

シャハン教授は、日本はイスラエル十部族の放浪の到達点だと書いています。よくここまで調べ上げたと感心しますよ。

古事記や日本書紀も、ユダヤ人の目で読み込んでいます。この方は、アミシャーブとは全然違うルートで、独自に動いているんですね。

飛鳥　彼は、イスラエルの文科大臣と同じクラスの人ですよね。だから彼が言っていることは、イスラエルの大学で教えられていると思っていいんですね。

彼は、「神が創造した人類は地球上だけにいるわけではない」とも発言していましたね。

久保　ちょっと変わったところもある人なんです（笑）。

飛鳥　地球上だけで神が天地創造されたと限定した箇所は聖書にはありません。ということは、宇宙規模で見ると、他にもその星のアダムがいてもおかしくはない、というスタンスですよ。

久保　ユダヤ人は、そういう考えの人と、そうでない人とに分かれています。

この間もアミシャーブが日本に来たときに、中丸薫さんとの対談の中でその話が出たんです。それでね、中丸さんはＵＦＯのことをいろいろおっしゃってるじゃないですか。

飛鳥　はい。

久保　アミシャーブのラビ・エリヤフ・アビハイル――おじいさんの方ね――と、マイケル・グロスさんは異星人なんかいないと言っていたんですよ。だけど、アビハイルさんの息子＝ラビ・ダビデ・アビハイルは、異星人は存在すると言っていました。

飛鳥　親子の間でも、意見が違うんですね（笑）。

久保　はい。ダビデ・アビハイルが、ユダヤの昔の賢人が「異星人がいる」という話を書いているから、その説をとっているんだという話をしてね。そんな、ちょっとおもしろい場面もありました。

アミシャーブのラビ・アビハイル氏と息子と飛鳥昭雄氏。父子が来日したときに撮影した１枚

飛鳥　それはおもしろいですね（笑）。親子で意見が違う。やっぱりどこでもジェネレーションギャップがあるんですね。

久保　はい。ユダヤ人というのはいろんな考えを持っていて、それを臆することなく披露するわけです。

飛鳥　そうそう、しょっちゅう論じ合っていますね。

久保　意見をバンバンぶつけ合って、新しいものを生み出すという考え方なんですよ。

イスラエルの十支族が来たといわれるところにキリストの墓がある

飛鳥　青森のキリストの墓に、イスラエル大使が何度も訪れているという話がありますね。

久保　はい、あそこにはイスラエル元駐日大使のエリ・コーヘンさんが贈った記念碑があります。私も、青森にはおもしろいものがあると思っているんです。

結論から言いますと、青森県の新郷《しんごう》村にあるキリストの墓と呼ばれているものは、ホントはキリストの墓ではないでしょう。キリストの墓なら、そこを掘って骨を出してＤＮＡを調べたらいいんですが、そういうことはしないでしょう。

あそこは、**実はもともとキリスト教徒の墓か遺跡だったのではないかと思います。**

あのあたりには、実は昔キリスト教徒が多かったんですよ。今は、新郷村に行っても、教会が１つもなく、キリスト教とは無縁な所なんですがね。

では、どうして昔はキリスト教徒がたくさんいたと言えるかというと、あのあたりは昔から子供が生まれると、額《ひたい》に十字を書くんですよ。そういう風習があります。あと人が死ぬと、棺《ひつぎ》の蓋《ふた》の頭のあたりにやっぱり十字を書くんです。

これ、実はキリスト教徒の風習なんです。今も東ヨーロッパとかに行くとそういう風習があって、キリスト教徒に生まれた子供の額に、十字を書いたりします。悪いものが取り憑かないようにとい

「キリストの墓」を守る沢口家の当主・純一郎氏と飛鳥昭雄氏

青森県新郷村の「キリストの墓」

う魔除けなんですよ。

それを今でもやっている人たちが、新郷村にいるんです。だから、十字架を魔除けに使うというのは、やっぱりキリスト教的な発想です。

例えば、ドラキュラを追い返すときに十字架を、目の前に突き出して見せるじゃないですか。あれはやっぱり、ドラキュラは十字架を嫌うという思想があって生まれたものですからね。

他にもあのあたりにはいろいろな風習があって、やっぱりキリスト教徒はけっこういたのだろうという推測ができます。そうした名残とか竹内文書とかもあって、キリストの墓という伝説になったんだろうと思います。

ただ、興味深いのは、これが単なる伝説で終わるかといえば、他にも興味深い別のコネクションがあります。実は、キリストの墓といわれているものは、世界に3つあるんですよ。

1つはエルサレムにある空《から》の墓です。もう1つは青森県の新郷村にあるでしょう。あと1つは、北インドのカシミールにあるんですよ。スリナガルにある「イエスの墓」です。

北インドというのも、さっき言ったように、イスラエルの十支族が来た場所なんです。日本にもイスラエルの十支族が来たでしょう？　やはり、イスラエルの十支族が来たといわれているところにキリストの墓があるんです。

キリストの墓とイスラエルの十支族というのは、新約聖書と旧約聖書で一見関係ないように思えるんですが、どういうわけか不思議なつながりがありますね。

しかも、日本にはモーセの墓もあります。石川県にあるんですが、北インドにもモーセの墓がありましたよね。あと、インドにキリストに似た伝説があります。

飛鳥　イエス・キリストが13歳から30歳頃までの期間の記録がないんですよね。そのときに彼はパキスタンとかインド、あの辺りにいたということを証明できる物証がいっぱい出てきたんです。

久保　ほほう。

飛鳥　ハリウッドがその映画を作ろうとしたんですが、キリスト教会のいろんな宗派の反対にあって、結局実現しませんでした。

馬鹿にできないのが、インドの伝説の人物が言っていることが、イエスが言ったこととほとんど同じだということですね。

久保　それは、日本にある言い伝えと一緒ですね。

北インドですよね？　さっき言ったシンルン族は北インドにもいるわけです。シンルン族、チャン族というのはイスラエル系のチベット人で、日本人のY染色体D系統と同じものを持っているから、もともとつながりがあるんですよ。

飛鳥　そうですね。

久保　日本人とイスラエル系のチベット人は、実は人種的にも似ています。もともと同じ民族で、日本人の先祖が彼らとつながっているからこそ、同じ言い伝えがあるのかなという気もするんですよ。

飛鳥　キリストは聖書で、「失われたイスラエルの十支族のところへ行きなさい」と言っていますね。この辺りに行くと、シャカ族もいるんですよ。シャカ、つまりサカ族です。

これは中近東の騎馬民族だとはっきりわかっているんですが、ユダヤ系です。だから**ブッダもユダヤです**。

サカ族だったらユダヤの可能性が極めて高いです。だってサカ族の王子ですから。

シャカはそこから来ています。もともとはアーリア系ではないと、昔からいわれていたんですよ。

おそらくY染色体D系統でしょうね。大雑把にいうとYAPマイナスというんですが、マイナスはマイナス遺伝子ではなくて、プラスとマイナスがあって、4基だけ欠落している特殊な遺伝子です。

今は新郷村ですが、昔は戸来村《へらい》といいましたよね。

久保 はい、戸来村です。戸来はヘブライのことだともいわれていますね。

飛鳥 戸来村には、山根キクという女性が行って、キリストの墓があると書いたんですね。

その辺は、竹内文書の重要な部分でもあるんですが、茨城県北部にある皇祖皇太神宮ではなくて、竹内睦泰《むつひろ》氏という武内宿禰《たけのうちすくね》の直系の人物が1人いるんですね。彼は今、宮家への出入りがまったく自由だといいます。

竹内宿禰73代の称号を持つ
竹内陸泰氏と飛鳥昭雄氏

有名な人で、塾をやっていてテレビにもよく出ていますよ。2丁の包丁で手を一切触れずに魚を調理する儀式があるんです。宮家に出入りが自由というのは天皇家の遠戚なんですね。

彼が持っているのが『正統竹内文書』だというんです。これは、我々が知っている竹内文書とは違うんですよ。

そこに書いてあるんですが、イエス・キリストは船で来たのではなくて、天から東北の地に降りてきたということです。そして、太平洋に向かったというんですね。つまり東へ。

久保 はい、そういう伝説です。

飛鳥　太平洋に向かって行ったということは、ネイティブアメリカンが言っていたケツァルコアトルとか、ククルカンですよね。長いひげを持った神が降りてきたという伝説がありますね。

久保　あの伝説ともマッチしていますね。

飛鳥　おまけに、東日本といえば当時は蝦夷《えぞ》ですから。まず西日本に来てから東日本に行ったと思いますが、蝦夷《アイヌ》は未だにそのときの神をオキクルミカムイと呼んでいます。

フクロウを象徴にして年に1回お祭りをしていますが、恐ろしいのは、そのカムイは「私はまた戻ってくる」と言って天に帰って行ったというんですね。

久保　キリストの再臨ですか。

飛鳥　これは大変なことです。竹内文書正統派は、ある意味、そこまではっきり言っているんですからね。

ケツァルコアトル

久保　知られている竹内文書には、そこまでは書いてないですものね。

飛鳥　そうでしょう？　普通の竹内文書には書いてありません。正統派だけです。

私が今言ったオキクルミカムイの神の話は、そういった話にも連動していますからね。アイヌの神は天から降りてきて、そして太平洋に向かってまた旅立ちました。

もっと言うと、山根キクが言っていることは全部嘘です。弟イスキリにしても聖書に出てきませんし、イエス・キリストの文字の中抜きをした虚構です。

実際、僕も戸来村に行きましたよ。おっしゃった通り、キリストの生きていたあの時代には、キリスト教といってもまだ十字架は関係ないですものね。誰もあのロザリオは持っていませんよね。

久保　そうです。

飛鳥　十字架は、後で作ったものなんです。

もともと土饅頭《どまんじゅう》の墓があって、キリストの伝承、伝説はあって、同時にあの辺りはいろんな船が沈没しているので、キリスト教徒が来ている可能性は大いにありますよね。

だから、キリスト教徒があの辺りにいたということはほぼ間違いありません。隠れクリスチャンだったかもしれませんが、間違いないでしょう。

エチオピアのユダヤ人は日本人と同じくY染色体D系統

久保　はい。あと、東北人のＤＮＡを調べると、白人系に近いらしいんですよ。コーカソイド系のＤＮＡがけっこう入っているといわれていますので、やはり昔はキリスト教徒があの辺りにいたんでしょうね。

飛鳥　東北美人は色白で、他の地方とはちょっと違いますからね。あと秋田犬は確か、もともと白人系が飼っていたらしいです。純粋な日本犬だといわれていますが、もともとのルーツを辿ると、コーカソイドが飼っていたんです。

久保　ああ、なるほどね。今、新郷村のキリストの墓に行くと、大きな石があって、エリ・コーヘンさんの名前が刻んであります。

飛鳥　そう、刻んでありました。私も見ました。

大きなパネルのような板に、エリ・コーヘンと正式な感じで彫ってありましたね。

久保　この間コーヘンさんに会ったときに、「新郷村に行ったんですね」と話したんですよ。

飛鳥　彼はね、あと四国の剣山とかいろんなところに行っているんですよ。アーク伝承の後を追いかけていたんですよね。

久保　熱心ですよね、だってあんなに人里離れた新郷村まで行ったり、剣山まで行ったりしてね。ユダヤ人というのは熱心ですから、どこまででも行きますよ。

飛鳥　ナチスの残党だって未だに追いかけていますからね。

エリ・コーヘンは黒い目と黒い髪の毛ですからね。だから彼は、完全にスファラディーです。アシュケナージとは違います。白人系じゃないんです〈編集註　ユダヤ人には、スファラディー〈黄色系〉とアシュケナージ〈白人系〉という二大勢力があるといわれている)。

久保 コーヘンさんも、アフリカの北部とか、そちらの血が混ざっていると言っていました。

飛鳥 だとすると、アベベのエチオピアですか?

久保 さあ、詳しくは聞いていないんですがね。

飛鳥 というのは、前にも話した通り、エチオピアにはY染色体D系統があるんですよ。「黒人の中に日本人のDNAと同じものがあるのは何でだろう?」と思いますよね。

久保 もともとD系統というのはE系統と同じで、同じ先祖から来ているんですが、昔はDE系統というのがあったんです。

飛鳥 途中で分かれたんですね。

久保 DE系統というのが中近東で2つに分かれたといわれています。
特に日本とかチベットの方にD系統が行って、E系統は中近東やアフリカあたりに広がりました。世界中のユダヤ人グループには、E系統が多いです。
ユダヤ人のY染色体遺伝子に最も多いのはJ系統とE系統なんですが、J系統はけっこうあちこちにあるので、**ユダヤ人においてはE系統が最も重要だ**と私は考えています。そのE系統と日本人のD系統は、遺伝学的に近縁・同祖なのです。

飛鳥 おもしろいのが、エチオピアにはシバ、またはサバという女王がいますね。ソロモンと会って子を宿し、帰国した後、男の子を産んだという伝承があるんですよね。

となれば、ソロモンがその系統を持っていたら、ずーっと広まって当然増えてくるんです。だからアフリカの中で、特にエチオピアだけは日本と同じD系統らしいんですよ。

D系統を持っている理由というのは、実は聖書に答えがあるんです。ここでも、聖書がいかに正確かが分かりますね。

聖書の中には子を宿したくだり自体はありませんが、エチオピアにはそういう伝承があるんですね。シバがソロモンの子を宿し、それが王族となって後を継ぎ、広がっていったといわれているんですね。

北インド・カシミールにあるキリストの墓

久保　エチオピアにはユダヤ人が多いですからね。イスラエルにもけっこう帰還していて、彼らは見かけは黒人なんですが、ユダヤ人といわれています。

飛鳥　話は戻りますが、北インド、パキスタン、及びあの辺りに、イッサという若い聖人が来て、キリストとまったく同じことを教えているんです。

久保　イッサってイエシュア（＝イエス）のなまりですか？

飛鳥　そうなんですよ（笑）。そして、墓もあるというんです。だから、ひょっとしてインドにあるイエス・キリストの墓というのは、それかもしれません。

久保　北インドのカシミールの辺りですね。建物の中にあって、ちゃんとキリストの墓と書いてあるんですよ。

飛鳥　ああ、それです。カシミールです。まあ、日本にも浦島太郎の墓や桃太郎の墓までありますからね（笑）。墓はあんまり信用できませんけど。

久保　墓といえば、群馬県吉井町というところに多胡羊太夫《たごひつじだゆう》という人がいて、彼は7～8世紀の人でキリスト教徒だったんですが、その墓から十字架が発見されたんです。さらに、JNRIと書いてある銅板が発見されたというんです。

JNRIはINRI《インリ》と一緒なんですが、「ユダヤの王、ナザレのイエス」の頭文字で、キリスト教の絵にはよく出てきますよね。

フラ・アンジェリコの磔刑を描いたフレスコ画、十字架上には「INRI」とある。

イエス・キリストの十字架の上に、INRIまたはJNRIと書いてあります。あれと同じものですね。羊太夫について調査したことがありますが、おもしろいですね。地元の人にものすごく尊敬されているんです。

羊太夫は、日本で銅銭を初めて作った技術長官で、銅の精錬技術などを持っていた人です。地元の人は彼を偲んで、彼が亡くなった年から毎年近くの山で「大文字焼き」のようなことを始めました。

「大」の字とは限りませんが、漢字一字を火で山に大きく描き出す。実は昔、その地に空海がやって来て、その風習を見ました。空海はこれはいいなと思って、その風習を京都に持ち帰り、京都で「大文字焼き」を始めたのです。

ですから、いま京都の風物詩となっている「大文字焼き」は、クリスチャンだった羊太夫が起源です。宣教師フランシスコ・ザビエル（16世紀）が日本に来るよりずっと前から、実はキリスト教は日本に入っていたのです。

第4章 秦氏と景教徒はどう違うか

仏教のお香も数珠も景教徒から取り入れた

久保　お墓についてはこのくらいにして、秦氏と景教徒についてお話ししますね。

秦氏と景教徒というのは、違うことは違うんです。ただ、景教徒がキリスト教徒だったように、秦氏もキリスト教徒だったと思われます。

景教徒（ネストリウス派キリスト教徒）については431年、エフェソス公会議が開かれ、東方教会と西方教会がそこで分かれました。ネストリウスという東の方の教会のリーダーがいたのですが、異端視されてしまい、もう西の方に行けなくなって、東洋の方にどんどん伝道して行ったんです。異端といっても、マリアを「神の母」と呼ぶ当時のカトリックに比べたら、彼らはずっと正統的な人々でした。カトリックからみて異端だっただけで、のちのプロテスタントからみれば、よりプロテスタントに近い人々でした。

このネストリウスの流れを汲むグループが、中国で景教徒と呼ばれるようになりました。景教とは「光り輝く宗教」という意味ですね。

秦氏はそれとは別のルートで来たんですね。彼らは古代イスラエル人でしたが、途中でキリスト教に改宗しました。そして日本に来たとき、キリスト教の風習も持ってきたのです。

そうやってキリスト教徒になっていたので、学者によっては、秦氏もひっくるめて景教徒と呼んでいるんですね。別に間違いではないですが、ちょっと別のルートで来たということです。

今も景教徒はいますよ。イラクに行くと、景教徒の子孫たちがけっこういて、教会もあるんです。日本にはもう、景教徒はいないはずですが。

僕の友達がイラクの景教徒の教会に行って話を聞いていたら、観音様みたいな人が出てきたというんですね。何ていうか、柔らかい服を着てね。もう見た感じ、観音様だなと思ったんですって。

だから、一般的に認識されている観音様の姿は、景教徒からきていたのかなと彼が言っていました。景教徒の間では、そういう服装はけっこう普通だったみたいです。

その教会に入ると、お香の匂いがするんですよね。これは、カトリック教会でも正教会（オーソドックス）でも同じですが、お香を揺らすんですよ。

プロテスタントの教会ではお香の匂いは一切しないけれど、カトリックとか景教徒の教会に行くとお香の匂いがするんです。仏教のお寺に行くと、やっぱりお香の匂いがするでしょう？

でも、原始仏教にお香はなかったんですよ。大乗仏教になって――つまり西暦1世紀後半から2世紀くらいに大乗仏教が興《おこ》ってから――大乗仏教のお寺でお香が使われるようになったんです。

これは、インドに来ていた景教徒たちの影響だろうといわれているんですよ。

あと数珠なんかもね。数珠という風習は昔の仏教徒にはありませんでした。

キリスト教のロザリオ

どうしてお祈りのときに数珠を使うかというと、もともとはキリスト教徒の風習なんですね。今でもカトリックでは、ロザリオという数珠のようなものを使うでしょう？　景教徒も数珠を使っていたんですね。

その数珠の風習を見て、仏教徒がいいなと思って取り入れたんです。だから数珠も、景教徒の風習ですよ。

あと、秦氏もそういう風習を、やはり同じ東の方のキリスト教徒として持っていたんです。

だから、日本にもいろんな風習が持ち込まれてきているわけですよ。そのあたりで、景教徒と秦氏がごっちゃになる部分もあるんですけどね、同じ東方キリスト教徒ですから。

日本人の昔からの伝統だと思っていることが、実は秦氏の風習だったり、古代キリスト教徒の風習だったりね。そういうのはけっこうあるんですよね。

それから、秦氏はイコール失われた十支族全部というのではなく、イスラエル十支族の一部だったと思っています。

私の考えでは、秦氏は、キリスト教徒に改宗した十支族でした。というのは、キリスト教は、だいたい2世紀から3世紀ぐらいにはもう中央アジアにかなり伝わっていて、中央アジアのキルギスとかカザフスタンとか、秦氏がもともといた弓月の国のあたりというのは、その頃にはほとんどの人がキリスト教徒になっていたといわれているんですね。佐伯好郎教授がそう書いています。

イスラエルの十支族も中央アジアに来ているんですが、キリスト教の影響をかなり受けています。今のユダヤ人のほとんどがキリスト教に改宗しないのはなぜかというと、いわゆるプロテスタントとかカトリックのキリスト教というのは、ユダヤ色を全部そぎ落としたキリスト教だからです。だから、ユダヤ人というのはなかなかクリスチャンになれないわけです。

だけど、東洋に伝わったキリスト教というのは、かなりユダヤ的なものを残していたんですよ。だからユダヤ人も、つまりイスラエル十支族なんかも、けっこうキリスト教に改宗しやすかったたんです。

手島郁郎《てしまいくろう》さんという「キリストの幕屋《まくや》」（編集註・日本のキリスト教系の新宗派）の創始者で、すごい人がいるんですが、この人が若いときに中国にいたそうです。

著書を読みますと、中国で会った宣教師が、中国の奥地には今もキリスト教徒が住んでいるけれども、もともと彼らはイスラエルの失われた十支族だと証言したそうです。ユダヤと同じ風習を、たくさん持っているということでね。

十支族で、キリスト教に改宗していた人はけっこういたみたいです。秦氏もそういう流れを汲んでいたのではないでしょうか。

だから、日本に来た秦氏のいろんなこと――京都の太秦のあたりのこととか、蚕《かいこ》の社《やしろ》の三柱鳥居のこととか――を調べてみると、十支族だからこそという面もあるし、キリスト教徒だったと思わせるところもたくさんあります。おそらく、その両面だったのでしょう。


失われた十支族の中のいくつかが何回かに分けて日本に来た

飛鳥　秦氏は、歴史的には聖徳太子のブレインとして有名ですよね。
久保　はい、そうですね。秦氏自体は、実際には聖徳太子よりも前に来ていたようです。秦氏自身は、

４世紀くらいから入っていたんです。

ただ、６００年頃に秦河勝《はたのかわかつ》というリーダーがいて、その秦河勝が聖徳太子のブレインとして活躍し、非常に密接な関係にありました。

エフライム族などはその前から来ていました。たぶん日本には、イスラエルの十支族が来たいくつかの波があったのでしょう。

第一波が来たのが紀元前で、神道というものを日本にもたらしました。次に４世紀くらいに第二波として秦氏が来ました。

秦氏はイスラエル十支族の子孫だったから神道に親しみを感じ、神道を支え、より発展させました。またその頃から、神道にはキリスト教的要素も入ってくるようになります。飛鳥さんも言っている「キリスト教的神道」ですね。造化三神を祭るというのは、いかにもキリスト教の三位一体神に似ています。

さらに秦氏のあと、８世紀に景教徒が来たという記録もありますが、まあ十支族の波としては紀元前の神道をもたらした第一波と、秦氏の第二波という２つの流れでしょうね。

秦氏の貢献というのは、もともと日本にあった神道を、神社を通して、あちこちに広めたことなんですね。八幡神社とか稲荷とか、ほとんど秦氏が作りました。神社の90％くらいは秦氏じゃないですかね。

伊勢神宮にも関わっています。だから、秦氏が神道を日本人の宗教として根付かせたという感じですね。

飛鳥　秦氏の記録として残っているのは、日本書紀と古事記に、応神天皇のときに来たと書かれているし、崇神天皇のときに来たとも書いてあるんですよね。どちらも本当です。崇神天皇と応神天皇は、同一人物ですから。

もっと言うと、神武天皇も同一人物です。これを明かしたのが、籠神社の宮司だったんです。古事記に、なんらかの仕掛けがあると。

神という名を持っている天皇は、皆同一人物です。その後の神功皇后も同一人物です。男も女も関係なく、すべて同一です。

だって人間は、神様でさえ男と女を変えてしまうくらいですから(笑)。アマテルを天照《アマテラス》と変えて、男神を女神に変えてしまうんですよ。そんな仕掛けが、藤原不比等の時代にあったということです。

そう思うと、非常におもしろいことが分かってきます。秦氏のことなんですが、おっしゃった通り、3世紀から4世紀に日本に入りました。

その前の第一波で来たのは、徐福です。これが非常に怪しくて、もともと徐福というのは道教の道士だといわれていました。道教というと、一説では神道の基だといわれていますから、もろに神道そのままなんですよ。

血の儀式もやっていました。だから、諏訪大社は最近まで首チョンパをやっていたんですよね。要は、ユダヤ教だということなんですよ。そして、旧約聖書を持っていました。

ところが神武天皇は紀元後ですから、彼が応神天皇と同一人物だとすれば、**応神天皇は、実は宇佐八幡でバプテスマを受けていたことになるんです。**

あそこに三角池というのがあって、そこで応神天皇が水から上がったときには、まるで幼子のようであったと宇佐八幡宮の伝承にあります。これは、バプテスマの儀式をやって、罪を清めたということです。

だから、元はおそらく十支族の中にユダヤ教があったんですが、どうも日本に来てから原始キリスト教に改宗した可能性が極めて高いんです。もちろん、これが後のちょっとした混乱につながっていくんですけどね。

この神武天皇は、軍隊を率いていて、九州に上陸した後、今度は熊野に攻め込みました。だけど、結果的にニギハヤヒとお互いに持っているものを見せ合うと、同じ王家というか、同じ一族だということがわかったので、国譲りをしたということになっているんですね。

何を見せ合ったか？　それは、三種の神器を見せ合ったに決まっています。もちろんそのときにはもう、函《はこ》伝説はありました。朝鮮半島の**新羅の方に聖櫃伝説が残っているということは、アークも日本に持ってきていたんですよ。**

一方、**籠神社は、十中八九、マナの壺を持っていました。**これは間違いありません。

それ以外にひょっとすると、アロンの杖を持っていた可能性があります。というのは、スサノオが、八岐大蛇《やまたのおろち》の尻尾から、剣を取り出したという伝説がありますね。

それが、熱田神宮にあるんです。熱田神宮は前にも話した通り、御神宝を移管することになります。これは大変なことです。

久保　そうですね。

飛鳥　この熱田神宮は、物部系なんですよ。三輪家とも関係があるんですけどね。

「京都府丹後の物部氏の要・籠神社にマナの壺（真名之壺）があったが、今は外宮に移管されている」と語る飛鳥昭雄氏（籠神社をバックに）

もう1つ。御神宝を戻すとなったら、伊勢神宮しかありません。伊勢神宮には、三種の神器のうちの2つがあります。草薙の剣だけが、熱田にあるんです。

なぜ熱田神宮にあるかというと、源平合戦の壇ノ浦の戦いのときに、平家が間違って海に落としたんですね。すると、浮かんだという。

でも、**剣が浮かぶわけありませんから、実は杖だったということです。**それが四国へ流れて、今は熱田神宮にあるんです。

それを戻すといったら、伊勢神宮以外にも、もう1つあるんですよ。伊雑宮《いざわのみや》です。

今年、伊勢神宮は式年遷宮がありますが、伊雑宮の建て直しは来年なんですね。熱田神宮は去年、建て直しが全部終わっています。

伊雑宮へ戻されると、三種の神器が全部そろうんですよ。

もっと言うと、例えば軍船を率いてやって来た神武系は、西日本側を制覇した後、一回戻るんですよ。同じ軍船を率いて戻りました。

そして今度は、一般の民衆を連れてくるんです。朝鮮半島の一番南端に残していた民衆で、奥さんも子供もいたんです。

戻るときには東から西へ戻りますから、陽から陰に行くので、そのときの神武天皇の姿は女性に変わるんです。それで、神功皇后が出てきたんです。

だから神功皇后は、朝鮮征伐をしたことになっていますが、征伐ではなくて、戻ったのです。古事記には、神功皇后は途中で男武者に見えたと書いてあります。

古事記には、仕掛けもあるけれど、答えも書いてくれているんです。そこは良いところですね。

つまり、二回の行き来があったんですよ。軍が来て、戻って、一般の技術者集団、普通の民、女子供を連れに戻って来ました。これは除福の二回の行き来と同じで、偶然とは思えない。おそらく二度目の出航には、家族や技能手段を乗せており、一度目は軍関係の人間を多く乗せていたのかもしれない。

特に西日本側が平定されて、ヤマトタケルに代表される東征が行われ、平安時代の武者で知られる坂上田村麻呂の東北蝦夷征伐へとつながりますが、それはだいぶ後の話です。

南朝系天皇は「失われた十支族」のレビ族だった

飛鳥　ところで、秦氏の秦という字がおもしろいんです。先ほど言いましたように、漢字では、「三人ノ木」と書きます。

これは、ユダヤ教では絶対にありえません。だってヤハウェ（エホバ）を最高神とする一神教ですからね。**秦氏は基本的には原始キリスト教徒ですから、三人ノ木なんです。**

そのときの王は、これはあくまで僕の説ですが、当時の天皇陛下であったろうと。それで戦っていたんです。

そして、繰り返しますが、昔は帝《みかど》と言わないで、ミガドと濁っていたんですね。**ミガドというのは、ヘブル語で「ガドから来た者」という意味なんですよ。**

浅草神社の紋

東京・浅草の浅草神社の社紋はガド族の紋章なんです。三張りの宿営（テント）の紋章なんですね。浅草ですから、あそこはもともと漁村なので、網になっているんですよね。三つ編み紋で、中央を手前に左右に2つずつ、3つの網がテント状にぶら下がっている感じです。

久保　ああ、網ですね。

飛鳥　そう、網です。形はまったくガドのテント、三張りの宿営そのままですから、もう見事にカモフラージュしていますね。

ガド族の天皇家が途中で血統が断絶したことは申し上げましたが、その後、ちょっとした争いになるんですよ。**聖徳太子の10人の言葉が聞き分けられたという逸話は、この十支族の間の大混乱を収めたことを表すと解釈することができます。**

後の12の冠位とかもありますよね。馬小屋で母親が産気づいたことから厩豊聰爾皇子と呼ばれていたとか、何か新約聖書とのつながりが見えてくるんですが、おもしろいのはこの聖徳太子には別名がいくつかあるんですよ。それも証拠と言える記録が出てきたんです。

秦河勝像は、そのまま聖徳太子の絵と重なっている

1つの別名が、秦河勝《はたのかわかつ》です。だから、役者とプロデューサーが実は同じ人物だったというんです。

これ、多次元同時存在の話になるんですが、また別名があって、聖徳太子は小野妹子だったともいわれます。

別名がもう1つあって、蘇我馬子もそうだというんです。蘇我馬子は漢字で、「我蘇る馬小屋の子」ですね。聖徳太子は幼児期には、馬小屋の近くで生まれたということから厩戸《うまやどの》皇子と呼ばれていましたね。

これは、本当にうまい作り事です。悪くいえば、偽物の歴史なんですが、良くいえば、そこを読み解けば、「日本の基には原始キリスト教徒がいた」ということが分かるような仕掛けがしてあるんですね。

これは玉手箱で、これを開けたら最後、いっぺんに広まってしまいます。ある意味でパンドラの箱です。だからおもしろいんですが。なかなか白人のキリスト教徒には、ちょっと近寄りがたいものがあるわけですよ。

もともと、本当のユダヤ人、つまりヘブライ人は床に座っていたんです。セムというのは、基本的にみな床に座るんです。

アメリカとかの白人種は、みな椅子に座りますが、ネイティブ・アメリカン（インディアン）は地面に毛皮を敷いて座ります。モンゴロイドだからです。

お寺に行ってお坊さんの説法を聞くときに、日本人はなぜか落ち着くんですよ。それは、畳に座っているからなんです。椅子に座ったら駄目です。合わないんです。

だから僕は、日本のキリスト教会にも畳を作れと言っています。そうすれば日本にキリスト教が定着するよと言うんですけどね。

戦国時代から安土桃山時代に、伴天連《バテレン》ならぬキリシタンが激増した理由の1つは、信者になる日本人が床や畳に座って神父の話を聞いたからです。しかし、今の日本のクリスチャンたちは頑なで駄目なんですよ。

久保　「畳はちょうど、ユダヤの寸法の『キュビト』で、ジャスト2×4キュビトなんですよ（1キュビト＝約44センチ）」と言ったら少し変わるかも（笑）。畳のサイズ（江戸間だと88×176センチ）はユダヤから来ています。

中国や韓国にこのサイズはありません。畳はユダヤのサイズでぴったりツー・バイ・フォー（2×4）。それをすべての基本にしている。

日本人はやはり、日本の伝統的なものに落ち着きを感じますよね。ハワイに行くと、日本のお城の形のキリスト教会があって、栄えていますよ。中に入ると、やっぱり日本的になっています。

飛鳥　世界の中で、宗教として残っている四大宗教、つまり**キリスト教、イスラム教、ユダヤ教、仏教は、すべてアジア発祥**ですからね。五大宗教のヒンズー教を加えてもやはりアジアです。

白人が作った宗教は1つも残っていないんですよ。1つも。すべてメイド・イン・アジアですよ。

白人が、自分たちがキリスト教の伝道師という形で来るのは悪くないですが、あなた方が教えている宗教というのはもともとセム、つまりアジアの宗教であって、あなた方はそれを借りて宗教を教えているだけですよ、と言ってあげたいですね。これを知ってもらうと、彼らも謙虚になっていくと思います。

そのあたりを、もし仮に日本のキリスト教の各宗派が分かれば、だいぶ変わってくるんですよ。例えば、檜《ひのき》造りの教会の中で、床に座ると、日本人のDNAに響くものを感じたりするんですね。

秦氏に関することでいえば、秦氏とイスラエルを結びつけた佐伯好郎先生の弟子の江上波夫氏も、日本の天皇家はもともとステップロードから朝鮮半島を経てやってきた騎馬民族であると言っています。

木曽馬

おもしろいことに、魏志倭人伝には「日本にはもともと馬がいなかった」と書いてあるんですよ。ところが、後の日本には馬がいます。木曽馬です。木曽馬というのは、小さいですよね。だけど元は、モンゴルの馬なんですよ。DNAを検査すると、モンゴル系の馬と酷似しているんです。

なぜ日本に、突然、モンゴル系の木曽馬が現れたのか？　魏志倭人伝には「馬はいない」と書かれているのに。だとすると、やっぱり誰かが大量に連れてきたということでしょう。それしか考えられません。

　だとしたら、連れてきたのは神武系でしょう。だから、ちゃんと時系列で見ていくと分かることを、アカデミズムの人たちはやらないんですね。

　ところで、失われた十支族で、レビは計算に入れない場合があるという話をしましたね。レビは、10人プラス1なんです。南ユダ王国でも2プラス1でレビは別格です。1というのは特権階級で、神聖な職業なので、基本的に数に入っていません。

　レビは北イスラエル王国と南ユダ王国にいたんですよね、南北両方で神の業に関わっていました。日本の天皇は祭儀集団のトップになっているんです。**祭儀のトップになっているということは、古代の大祭司であり、レビなんですよ。**

「伊勢神宮・内宮には地下宮があり、『八咫の鏡（合わせ鏡）』を象徴する『十戒石板』がかくされている」と語る飛鳥昭雄氏（伊勢神宮・内宮にて）

　今の天皇陛下もそうです。特に南朝系は、確実にレビですね。明治天皇が伊勢神宮の内宮の地下に入って、元神輿《みこし》というか本神輿に手を触れて、「金箔を張り替えよ」と命じたとされています。これがアークだったら、レビしか触れません。

　明治天皇は南朝こそ正統であると言いましたからね。ということは、裏返せば北朝系は偽物だということです。

久保　秦氏について付け加えると、京都では、例えば雅楽の関係者などに秦氏が多いですね。秦氏の間で、同好会とかいろいろ集まりがあるみたいです。彼らは自分が秦氏だという意識を持って活動しているんですね。

元首相の羽田孜《はたつとむ》さんも、家にちゃんと系図があって、自分は秦氏ですと言っていますね。

飛鳥　秦氏というのは、マツリゴトでも基本的にはお祭りの方ですね。**政治の方に行った秦氏はだいたい藤原と名前を変えました。**

藤原は間違いなく、秦氏中の秦氏です。藤原から佐藤、加藤が出ていますし。特に、下がり藤の家紋は直系です。上り藤は傍系と、だいたい決まっています。

大事なのは、日本は基本的には原始キリスト教徒の国だということです。皆、ぜいたくしないじゃないですか。

下がり藤の家紋

みんな喧嘩せずに、仲良くやっていって、グローバリゼーションならぬ、アメリカリゼーションに翻弄されるまで、ほとんどが中流意識で、大金持ちもそんなにいなければ貧しい者もいない。これはやはり、キリスト教国じゃないとできないことですよ。

これを欧米人から見ると、キリスト教徒ではない日本人が、なぜ平和に暮らせるんだ、と不思議に思うでしょうね。今は、「脱亜入米《だつあにゅうべい》」っぽくなっていますし、世界の人間から見ると日本人ってわけがわからないでしょうね。

正体不明。だからある意味、気持ちが悪くて仕方ないんです。

いい例が、オリンピックで日本がある種目でメダルをたくさんとったりすると、必ずルールを変えられますね。中国人がメダルを独占しても、絶対にルールは変えられないのにね。

韓国が独占しても変えられませんよ。日本だと変えられるんですね。挙句の果てに、種目自体をなくされてしまいかねない。レスリングみたいに。

私は、日本人を怖がる根本的な理由があると思っています。


久保　日本人とユダヤ人というのは、2つの成功したアウトサイダーといわれているんですね。両方ともアウトサイダー、除《の》け者だったんです。

ユダヤ人は迫害され、日本人も第二次大戦とか20世紀にかなり迫害を受けました。しかし、両方とも成功した民族になりました。

だから「成功したアウトサイダー」なんです。それが、世界が日本とユダヤ人を見る目ですよ。

飛鳥　本当にそう思います。今は中国人が世界で一番嫌われているといわれていますが、どうもわけがわからないという理由で気持ち悪がられているのは、ユダヤ人と日本人だけですね。
中国人は傍若無人なことをするから嫌われます。あれは別な嫌われ方です。韓国人はわけもなく暴れまくるから嫌われるようですね。

世界統一政府を実現するために、第三次世界大戦が起こる

飛鳥　太平洋戦争末期、伊勢湾にアメリカ軍が上陸したときに、昭和天皇が三種の神器をどうするかについて心悩ませたという記録が侍従《じじゅう》の日記にあるんですよ。ということは、お召し列車が運んだ三種の神器とか、皇居にある三種の神器とかいうのは、実はレプリカだということなんです。

本物は伊勢神宮にあるということを昭和天皇はちゃんとご存じで、そのことを発言しているという立派な証拠があるということです。そのうちの1つは、三重県の隣の愛知県にある熱田神宮です。

これから先、もし元駐日イスラエル大使のエリ・コーヘンが次の首相になったら、一気に動きがあるかもしれません。

久保　エリ・コーヘンさんは本当に首相になるかもしれないといわれているんですか？

飛鳥　そうです。が、正確にいえば首相候補の1人です。候補者に挙がっているということは、可能性はあるわけですからね。ひょっとして彼が首相になったら、我々は首相官邸に呼ばれるかもしれませんよ。

久保　そうですね、ちょっと顔なじみですものね。

飛鳥　私はコーヘンさんとは、一緒に三種の神器の手に入れ方の戦略を練った仲間ですから（笑）。どっちにしても、イスラエルは2014年に神殿を造ると言ってしまったわけですからね。

久保　それは、どこで言ったんですか？

飛鳥　確かニュースで流れましたよ。２０１４年、神殿建築目標と言っていました。もちろん、正式発表ではなく、一部の宗教者や政府関係者でしょうけれども。２０１４年は、日食と月食が６回起きます。そのすべてがユダヤ教の祭礼の日に重なって起きます。

２０１４年にソロモン第３神殿建設が始まれば、おそらく第三次大戦が起こるでしょう。極地核戦争が起こります。

そうなると、いわゆるシーア派とスンニ派が手を結びます。今までイランは、ムハンマドの直系でないと指導者になれないという派閥ですから、イランは他のイスラム諸国から浮いていました。

一方シーア派は、合議制でやるという考え方が圧倒的に多いのです。今は彼らが対立しているから、核疑惑下にあるイランは中東で四面楚歌ですが、そうなると彼らは手を結びますよ。

なぜなら、シーア派はイランの核が欲しいから連合を組みます。しかし、その頃アメリカはイラクやアフガニスタンから撤退しています。つまり、中東全域に世界の保安官のいない空白地帯ができることになります。

すると、ＥＵが必ず出てきます。出ていかなかったら中東の石油はロシアや中国が取りにくるから、必ずＥＵが出てくるんです。

火中の栗《くり》を拾う形になりますが、そうすると宗教戦争ですよ。イスラム原理主義とキリスト教圏のＥＵは、「十字軍」の頃から水と油なので、必ず対立するでしょう。なぜなら、イスラム原理主義の背後にいるのが、世界的テロ組織のアルカイダだからです。

不可解なことに、前ローマ法王のベネディクト16世は突然退位しています。それも「世界統一政府を容認する」という謎の言葉を残して、パッと逃げてしまったんです。

世界統一政府を容認するということは、その前の第三次世界大戦を想定していますからね。**第一次世界大戦の後に、アメリカ主導で国際連盟ができて、第二次大戦の後に、アメリカ主導で国際連合ができて、次がホップステップジャンプの最後、世界統一政府なんですよ。その前に必要なのが、第三次世界大戦ですからね。**

戦争の舞台は主にヨーロッパです。間違いないですね。限定核戦争です。日本でも石油がストップして、えらいことになりますよ。日本ではおそらく数千万人が餓死します。おそらく、２０１５年頃から世界中で確実に食糧危機になり、水もなくなるといわれていますから。そこに第三次世界大戦が勃発すれば、未曽有の「ハイパー・インフレ（世界大恐慌）」が世界を舐め尽くすことになりかねません。

日本に特化すれば、アウターライズなど二度目の大地震により原発が破壊され、放射能汚染されて、まともに飲める水がなくなるということでしょうね。だから僕は、今のうちにとにかく地下水、井戸を掘れと言っているんですよ。

日本の場合は十数メートル掘れば水が出ます。地下水の場合は3年半かかって地下水になりますから、仮に放射能汚染されても3年半の間は大丈夫です。

「獣」の支配するのが3年半でしょう。これは主から絶たれる意味の三行半《みくだりはん》です。

久保　では、何とか3年半は保《も》つというわけですか？

飛鳥　そうです。茨城の田舎で今、直径10センチほどの井戸を掘っています。

1メートル約1万円ですから、20万円あれば、全部できます。ただし、井戸は手漕ぎでないとダメです。電気はストップするし、ガソリンだって入ってきませんから。

もしくは、Yの字にしておくんですね。1本は電動にしておいて、外からの動力がなくなったら手動に切り替えます。

その手漕ぎはすごくシンプルで、昔みたいに鋳物でできているようなものではなくて、簡単に作動するものです。だって聖書にあるんです、黙示録にね。丸3年間、雨は一滴も降らせない、と。世界中でですよ。

だけど、地下は別ですから。日本の一級河川は、一ヶ月間雨が降らなかったらすぐに枯れますよ。

日暮れ川、日雇い川と言って、すぐに流れてしまうんですよね。あっという間に。ヨーロッパのようにゆっくりと流れていないから、一ヶ月雨が降らなかったら日本の一級河川は枯れます。

だけど砂漠と一緒で、地下にはちゃんと水があるから、今のうちにちゃんとやっている人は生き残れます。

久保　2014年を神殿の建設目標にするという話がありましたが、2014年というのはものすごく重要な年なんですよ。

アメリカのマーク・ビルツ牧師という人がいろいろ調べた中でおもしろい話があって、実は2014年から2015年にかけて、天には大きな印が現れるというんです。日食と月食が極めてまれな形で、顕著な特徴をもって現れるそうです。

月食は月が地球の影に隠れて、赤く見えることですね。日食というのは太陽と地球の間に月が入って太陽が黒く見えるわけですね。

月食と日食がいつ起きるかというのは、NASA（アメリカ航空宇宙局）がインターネットに「エクリプス・サイト」というのを作っていて、過去何千年間の日食や月食を全部、公表しているんですよ。それを見れば、何月何日にどこで起きたとか、未来のことも何月何日に起きると分かるんですね。

私も半信半疑だったので調べたんですが、実際NASAのページを見ると、**2014〜2015年に、ユダヤの3大祭に合わせて月食と日食が6回も立て続けに起こるんです。**過越《すぎこし》の祭りと、仮庵《かりいお》の祭り、それから新年の祭りです。それらにぴったり合わせて、連続して6回、月食と日食が起きます。

ユダヤの祭りは、月の暦であるユダヤ暦に合わせて行われるので、私たちが普段使っているグレゴリオ暦との対照表が必要ですが、私はぜんぶチェックして調べました。確かにその通りになっています。

こんなふうに連続して起きるというのは、過去５００年間で２回しかなかったのです。１つは１９４８年のイスラエル建国のとき。イスラエル共和国が独立を宣言した年ですね。

あともう１つは、１９６７年の６日戦争のときです。６日戦争というのは、短かったけれども、中東地域の情勢を塗り替えた特別な戦争なんですよ。一挙にイスラエルの領地が４倍になったというときで、エルサレムもユダヤ人の手に戻ったわけです。

イスラエルを建国するということと、エルサレムを取り戻すというのは、ユダヤ人の悲願だったんですよ。この２つの悲願がそれぞれの年に叶った。それら**１９４８年（イスラエル建国）と１９６７年（６日戦争）のときにも、ユダヤの祭りに合わせて月食日食という現象が連続して起きているんです。**

過去５００年間でそういう現象が起きたのはその２回だけ。そして次に起きるのは２０１４年です。

飛鳥　怖いですね。

久保　ということは、２０１４年にユダヤになにか特別なことが起きるだろうと。たぶんそれは、ユダヤだけのことではなくて、世界を揺り動かすような、かなり強烈な出来事、イベントになるだろうと思っているんですよ。そういわれています。

ユダヤ人の残された悲願は何かといったら、神殿の再建なんです。この２０００年間、ユダヤ人は神殿を持っていませんが、もう神殿をあきらめたのかというとそうではなくて、絶対に再建したいという決意を持っている人たちが多いんです。

実際、「嘆きの壁」の前で皆が何を祈っているかというと、神殿が再建されますようにと祈っているんです。だから神殿の再建というのは、ひょっとしたら２０１４年ぐらいから動き出すかもしれません。

最悪の場合、2014年、プラス7年で世界が終わる

飛鳥　問題は、その嘆きの壁の上にある岩のドームなんですよ。イスラムでいう三大聖地のうちの１つで、ムハンマドがそこから昇天したというものすごく重要なドームなんです。
久保　実際にムハンマドがそこに来たわけではなく、夢の中で来ただけなんですがね。
飛鳥　そうそう、あくまでも夢の中です。聖なる馬に乗ってね。昇天というのはそういう意味なんですよね。それがある以上は、ユダヤの神殿の建築は無理なんですよ。
でも本当は、イスラムの神殿とユダヤの神殿と、両方建てることもできるんですよね。

嘆きの壁

「エルサレムに『第3神殿』を建築するには、ムスリムの三大聖地である『岩のドーム』を破壊せねばならない」と語る飛鳥昭雄氏（「岩のドーム」をバックに）

久保　そういう意見も一時ありました。ユダヤとイスラムが和平に動き出していた頃の話です。

隣合わせで建てたらいいんじゃないかという意見でしたが、今は、やっぱり岩のドームの場所に神殿を建てないといけないというユダヤ人が多いんですよ。

飛鳥　だから、そこに建てるのはもともと無理なんです。今の地主がイスラム教になっていますから。

そうすると、岩のドームを破壊するしかないんですよ。それも、できれば自然に破壊してくれるのが一番です。

それは、地震ということになりますよね。だってあそこ、所詮はドームですから、大黒柱がないんですよ。だから、あそこに直下型地震が来ると、グシャッとなります。それかもう、戦争でしょうね。

それで私は、アビハイルにどうする気なんだと聞きました。すると、彼はハッキリ言いました。

「我々は岩のドームを破壊しません。**破壊するのは世界のキ**

ングです。王です」

それは神かと聞きましたら、「いや人間です」と言いました。続けて、「世界の王が必ず岩のドームを破壊してくれるから、そうすると、我々ユダヤ人は全員その王を救世主として認めます」とハッキリ言いましたよ。メシアとして認めると言いました。

久保　ユダヤ人のメシア観というのは、そういう面があるんですね。メシアを地上的な王として考えています。

将来のユダヤ教神殿は「第3神殿」と呼ばれていますが、メシアが第3神殿を建てると思っている人も多いです。それだけ第3神殿の建設は大変だ、ということでもありますね。

飛鳥　そうです。彼らは旧約聖書しか知りません。我々は新約聖書を持っていますから、その神殿の中に座る者が獣だと分かっているわけです。

久保　そうです。キリスト教徒は、メシアが第3神殿を建てるとは考えないですね。

飛鳥　そう、真逆です。ユダヤ人はメシアと言っていますが、これは偽救世主であって、要するに3年半の間、世界を恐怖で完全に支配します。

額と腕の2ヶ所に666の番号を持つ者にしか物の売り買いをさせません。それ以外のものは放り出します。ということは、どうやって管理するか。

もう今は、実質的に国民総背番号制が実現されているでしょう？　皆さんが持っているスマホもそうですが、GPSのアプリが入っていますよね。それでアメリカ軍に全部情報が筒抜けです。

なぜなら**GPSの本体は、アメリカ軍の「NORAD（北アメリカ航空宇宙防衛司令部）」が所有しています。**日本のGPS衛星はそれを補足しているだけなんです。

今、それぞれがいる位置を含めて、完全にアメリカ軍は分かっていますよ。だって1秒間に少なくとも数百回、勝手に基地局と通じていますから。アンテナが立っているのはそういうことです。

GPSのアプリが入っている以上は、持ち主の所在地などをアメリカ軍に知られているんです。

これは、人間管理なんです。

1人1人を集中管理するシステムを、日本で実験しているんです。日本で実験して成功したものを世界に持っていきますから。住基ネットもその類のものです。

それから、あらゆるカードは全部統合されていきます。スイカだけでなく、あらゆるICカードなども含めて全部統合されると、コンビニで何を買ったか、病院でどんな治療を受けたかも全部住基ネットの中にプールされていきます。そうしたら完全に人間を管理できますね。

もっというと、額と腕の2ヶ所というのは、ユダヤ教徒に関わる部分なんです。彼らの額には、モーセの五書の圧縮版が入っていて、あと腕にも五書を巻き付けます。額と腕というのはユダヤ教徒のことですから。

おそらく、額と腕に乗せるバーコードは、要は印字をするんですよ。普段は見えないようになっていますが、ある特殊な光線を当てると分かるのです。磁気による印字か極小インプラントかもしれません。

最近のペットは、よくGPSをインプラントされていますよね。あれとまったく同じものを皮膚に印字したり埋め込むんです。

体の2ヶ所にインプラントすれば、もうSuicaもいりません。ゲートを通るだけでいいんです。もう登録されているんですからね。2ヶ所にするのは、バックアップのためです。

これは、間違いなくもうすぐできますよ。その印字を打った人間を獣が支配します。

衣食住が関わるため、獣を支持する側が圧倒的多数になるでしょうね。もう1つが支持しない側で、数は少ないですが、これによって世界が2つに分かれるんです。

これはちょうど、モーセとラムセス2世の時代の世界バージョンと思われます。ラムセス2世は、モーセと対峙したというエジプトのキング・オブ・キングズです。あの頃と同じことが、今度は世界規模で起こります。

あと、バチカンでワンワールド運動というのをやっていましてね。世界の宗教、プロテスタントも仏教も何もかも、バチカンの下に集まりなさいと。手を握って、宗教対立を止めましょう、という、これがワンワールド運動です。

日本の仏教もそうですが、交換留学生って、例えば神父と禅僧で入れ替えて、何年間かお互いを学び合うとか、いろいろな形でやっています。

このワンワールド運動というのは、見かけ上はいいんですが、ある意味これは**宗教の世界統一**なんですよ。バチカンにすれば、元に戻してしまえということです。バチカンによるバチカンのための宗教を作ってしまおうというんですよ。

結果としてバチカンが力を持つでしょう。それは同時に、もう１つの獣が力を持つということです。

この法王が、世界統一政府の王となる獣を、ユダヤ人と共にメシアとして認定するんですよ。ということは、これは偽預言者なわけですよ。**聖書が書いた通り、偽キリストと共に偽預言者が現れます。**偽預言者と獣、獣は世界統一政府の王ですから。手を握るということは、祭政一致なんですよ。これは怖いですよ。

もう、カルト宗教の教祖が総理大臣をやっているようなものです。例えば、その宗教を信じない者は殺してもかまわないというようなことに発展しかねません。ナチスドイツとよく似ています。

祭政一致が怖いのは、まったく自由がなくなることなんです。例えば、秘数学でいうこの世的な数字は６なんですね。

神の数字というのは７なんですよ。７日間で神は世界を作られたとか、ラッキー７ともいいますね、神の数字なんです。６は絶対に７になれない数字で、この世、もしくは人間を表しますね。

要は、神になれないものが3匹集まるのが666で、最後の1匹が蛇で、悪魔なんですよ。悪魔と世界統一の獣とバチカンの法王、この3つを合わせると、3つの6でミロクになるんです。ですから偽弥勒様ですよ。

偽弥勒の後で本物のミロクが来るんです。弥勒は観音菩薩の化身の1つとされ、その観音菩薩は日本では女性ですが、シルクロードをさかのぼれば髭の生えた男性に変わります。

その姿はイエス・キリストと酷似し、事実、ヨハネの黙示録には、世が終わる時代に偽キリストが出て来ると預言しています。

本当のミロクというのは369なんですよ。このあたりの仕掛けに、世界中が騙されてしまうんですよね。

つまり、ラムセス2世の側に立てば、ある程度衣食住は保証されます。食糧がないときは世界的配給制になるでしょうね。

ここに入らないということは、ほんの小さなグループ、モーセのグループに入るということです。間は一切なしですよ。グレーゾーンなしです。

モーセが率いる預言者の小さな軍団に入るか、圧倒的多数のラムセス2世の側に付くかでまったく運命が変わってきます。大変なことですね。

黙示録を読み込んでいくと、そういう解釈が成り立つでしょう。

久保　はい、そのような試練の時代が来ますね。

飛鳥　ローマ法王はラムセス2世の側です。法王は預言者じゃありませんからね。

だってバチカンに神権があれば、地球がまっ平らだとか、いわゆる天動説とか、ありえないですよ。神と直結していたら、どうして地球は平らだと言うんですか。おまけに魔女狩りまでやって、非常に暗い、ドロドロしたバチカン銀行も運営しています。

バチカンの法王庁が魔女狩りでどれだけ儲けたか、知っていますか？　何でもいいから女性を魔女だといえば、その女性は嫌疑を晴らすためにお金を払うんですよ。魔女に仕立てられて、殺された後の所有地は、全部バチカンの法王庁が没収するんです。

だから魔女を作れば作るほど、法王庁はウハウハ状態になります。そんなところに、神権なんかあるわけがありません。

そうした恐怖政治が再来するんですよ。例外は1人もなしに。666の番号を持っている人間は、ここに属していると、最終的には火で焼かれると書いてあります。

それ以外の人たちは、空中携挙《けいきょ》され、地上から急にいなくなります。目の前でふっと人が消えたりするんです。神が隠したりね。

残った人たちは、太陽から来る炎——摂氏数万度でしょう——によって、おそらく数秒もかからないうちに灰になってしまいます。

それが、世界宗教戦争の後のことなんです。ハルマゲドンというのは、次の第三次大戦ではないんですよ。

第三次大戦が終わった後に、世界統一政府ができるんです。そのときは神殿も稼動していますから、そこに立つのが自称メシアの獣です。この男が今、世界のどこかで生きています。

誰かは分かりません。分からないけど、間違いなくどこかで生きています。

聖書的にいうと、おそらく**1人はアメリカ人の大統領か将軍、あるいはシークレットガバメントの1人かもしれません。あと1人は間違いなくローマ法王になります。**

エジプトに行くと、非常におもしろいことがあります。柱が2本あって、あれはボアズとヤキン（編集註　ソロモン神殿に始めに作られた柱）と同じ象徴だと思います。

左前と右前になっていて、エジプトの場合は蛇が三回り半ずつ、右巻きと左巻きに、杖に巻きついています。これは合わせて7を意味し、獣は最初きっと良いことをしますよ。

3年半の間、良いことをするんです。ところが後の3年半は変貌するんです。そのときが怖いですよ。

だからひょっとすると、最悪の場合、２０１４年プラス7年で世界が終わります。

私の解釈では、エルサレムに2人、預言者が行くんですよ。アシュケナージとスファラディです。

なぜ2人の預言者が行くのか？　黙示録に書いてあるからです。

1人はおそらく日本人で、もう1人は、おそらく先祖がユダヤ教に改宗したアメリカ人か、もしくはイギリス人かわかりませんが、原始キリスト教の白人です。

彼らが、ユダヤ人のスファラディ系とアシュケナージ系に伝道することは間違いありません。祖先に関係する預言者は、そこに行かないといけませんからね。

この2人が預言している期間は、三年半です。これは、三行半なんですよ。その間にちゃんとしないと、主から断たれるという意味で、三行半です。主イエス・キリストから断たれるということです。

だから、第三次大戦というのはその前の段階にすぎないんですよ。ハルマゲドンが起こるとしたら、その後です。獣が座って、その後に起こります。

そのときに、世界中の軍隊がエルサレムに集まると書いてあります。分からない人はよく言うんです。今はミサイル戦争の時代だろうと。

「そんなときに、ナポレオンの時代のように、アルメギドの地（メギドの丘）に集まって、まるでローマの頃の戦争になるはずがない」と言う人がよくいるんですが、そういう人は宗教世界のことを全然分かっていません。

あの場所は、世界三大宗教の一番重要なところですよ。そこに向かって核ミサイルを撃つ国なんてないですよ。やるとしたら、陸上戦しかないんです。

ユダヤ教徒もミサイルは撃ち込めません。イスラム教徒も撃ち込めません。だって三大宗教の聖地なんです。もちろん、キリスト教徒も撃ち込めません。

事実、エルサレムはキリスト教地区、ユダヤ教地区、イスラム教地区で分けられていますからね。ある意味、**これが三位一体の正体で、イエス・キリスト、ヤハウェ、アラーは同一神を示唆しています。**

それからいえば、三位一体は地上の教えであり、三位三体は天上の教えとなって、天地上下の三角形を合わせて六芒星（ダビデの星）を形成しています。

パトモス島のヨハネが見た新エルサレム

こういう状況では、結果的に、たくさんの軍隊を派遣して制圧するしかありません。そこにおそらく、中国軍も入ってきます。ロシア軍も入ってきます。

結果どうなるか？　**新エルサレムが戻ってくるんですよ。**これがバカでかいんです。

黙示録には、寸法も書いてあります。一辺が２２２０キロですから、北海道の先端の宗谷岬から沖縄県の手前の徳之島のサイズです。

僕は測りました。その長さを一辺とする四角錐です。

その新エルサレムが戻ってきます。超弩級《どきゅう》の代物ですね。

ちゃんと黙示録に載っています。一説では立方体という見方もありますが、「段」を示唆してあり、12の段があるというのですから階段状ピラミッドですよ。

久保　ただ、新エルサレムが戻るのは、ハルマゲドンの戦いから1000年以上後の新天新地の話ですね。

飛鳥　そういう解釈もあるということは認めます。

久保　時代的に、だいぶん離れます。

飛鳥　でも、私は福千年直前に、新エルサレムという「エノクの町」に住む住民が、再降臨する主を迎えるため、地上に戻って来ると解釈しているんです。そのとき、失われたイスラエル十支族もすべて戻ってくる。そう思います。

岩のドームの破壊のために、地震兵器が使われる？

飛鳥　ハルマゲドンというのは、要は最終戦争です。

久保さんがおっしゃったことを補強すると、実は人類は前世で一回最終戦争をやっているんですよ。霊魂だけの、天上の大戦争があったんです。

これはアダムの軍勢に、サタンであるルシフェルの軍勢が負けた戦争ですが、まだ人類が地上に誕生する前の大戦争です。霊だけの戦争があって、これが前世における天上での最終戦争です。次に地上における肉体同士の最終戦争があります。その次が三番目の最終戦争で、不死不滅の復活体をまとった善悪の最終戦争となります。

ハルマゲドンというのは前世、現世、来世の3つあるんですよ。今、**我々が重要視したいのは、福千年前の最終戦争なんです。これは、核戦争じゃないんですよ。エルサレムを挟んだ戦争なんです。**

だけど、2人の預言者は、最終的には磔《はりつけ》になるんですよね。

久保　はい。2人の預言者は、患難《かんなん》時代のさなか、3年半活動したのち、獣に――つまり暴君に――殺されますが、3日半の後に蘇って、天に昇っていきます。

飛鳥　その解釈もありますね。私の解釈は2人の預言者の死と復活が起きますから、その後の3年半はありません。どちらにしても、それで世界中が恐れおののくんですが、それがないとイエス・キリストは再降臨しないんですよね。イエス・キリストが再降臨するときは、烈火のごとき真っ赤な衣を着てくると書いてありますから、そのとき何が起こるかということなんですよ。焼き滅ぼされます。つまり、大事な麦だけを刈り取って、あとの毒麦を火で焼くと書いてあるんですよ。

久保　終末が近づいた時代には、悪が栄えると預言されていますね。ただ、何で悪が栄えるのかというと、要するに人類の歴史の末期症状ということなんです。
例えば人がガンに冒されて末期症状になると、もう身体中がひどくなってくるわけでしょう。人類の歴史も同じなんです。人類の中にあるいろんな病巣が段々大きくなっていって、末期症状として悪が栄えます。
でも悪が栄えるのは、最終的に悪が全部絶ち滅ぼされるためだと書いてあるんですね。それが、イエス・キリストの再臨だというんですよ。
その後には、悪の一切ない至福の世界がくると。そういう預言なんです。
だから、２０１４年あたりがひょっとしたらその時代に入るきっかけとなるかもしれません。断言はできませんが、何かしらサプライズで大きなイベントがある、とは言えるんじゃないかと思います。

飛鳥　それが第三次世界大戦だったら、もう目も当てられないイベントになりますね。

久保　そうなりますね。岩のドームが、何らかの形で、たぶん壊されるんでしょう。地震か戦争かわかりませんけれど。

飛鳥　僕はおそらく、一番差し障りのない、**自然界の偶発的な地震を装うために、地震兵器が使われるんじゃないかと思っています。**

久保　ただ、それだと壊されても地主は変わらないじゃないですか。

飛鳥　おそらく略奪します。もう完全に制覇します。

久保　でも、略奪すればまた紛争になりますよね。

飛鳥　もう、やるなら一気にやっちまえということですよ。地震兵器はそのきっかけを作るにすぎません。

地震兵器は、アメリカはもうすでに持っています。ＨＡＡＲＰと軍事衛星で、後者は電波をリレーして、クロスさせるプラズマ兵器です。それらを照射するだけで地震が発生するんです。

久保　はい。

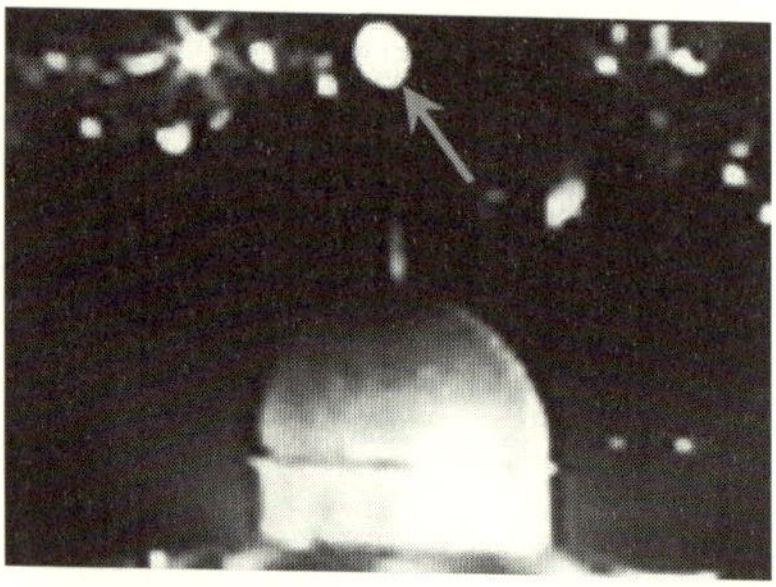

2011年1月28日、岩のドームの真上に光の玉がスーッと降りてきてピタッと止まった（UFO-Over-Jerusalem-Dome consciouslifenews.com より）。

飛鳥　そのために、まずターゲットを絞り込みます。必ずマーキングするために、先にスーッと火の玉を降ろすんです。そこを目安にするためマーキングします。

これをプラズマ・マーキングというんですが、２０１１年1月28日の午前1時頃、岩のドームの真上に光の玉がスーッと降りてきてピタッと止まったんですよ。それを見た人が、エルサレムにＵＦＯが現れたと YouTube で大騒ぎしていました。

久保　ほお。

飛鳥　あれを見たとき、アメリカもやるなと思いました。やる気ですよ、本気で。マーキングは、もう終了しました。あとはプラズマ弾を撃つだけです。プラズマ弾といってもね、火の玉とは限らないんですよ。

例えばＨＡＡＲＰを使うと、１秒間に２万回振動させられますから、どんな地盤でもゆるゆるになってしまいます。そこへ向かってプラズマを撃ち込みます。

目には見えません。ビシッと当たってドンッ。直下型ですよ。いっぺんで終わりです。

それを事前に知っているイスラエル政府は、間髪入れずにそこを制覇します。すでに神殿のパーツを持っているから、プラモデルと一緒ですよ。

パパパパッと作ってしまいますから。おそらく１ヶ月かからないでしょう。形的には立方体に近い神殿になりますね。

久保　でしょう。

飛鳥　私、実はこの間アビハイルに、極秘に持っている設計図を見せたんです。

久保　え？

飛鳥　設計図を持ってるんです、私。それを見せました。

「なんでお前がこれを持ってるんだ？」と言うから、言えませんんっ

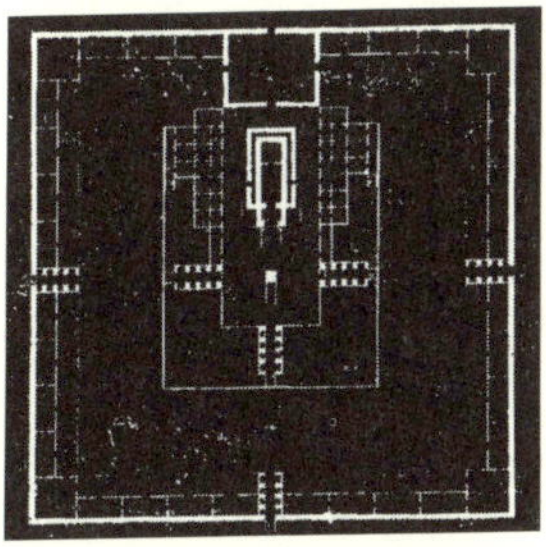

イスラエルが建築を計画する
「第３神殿の設計図」

て答えましたけどね（笑）。「ただこの場所、この階段の位置だけちょっと違うよ」と教えてくれました。

久保　もう今はユダヤ人の間では、第3神殿という未来のユダヤ教神殿の設計図はあるし、あと神殿で使ういろいろな道具も知られていますね。準備万端整っています。そこで働く祭司たちを養成する学校もあって、約150人が学んでいます。

飛鳥　そうですね。それで、レビ族の名前を持つ一族はもう集められています。

久保　あと2010年3月に、昔神殿があった丘の近く、つまり岩のドームがあるそのすぐ近くにユダヤ教のシナゴーグが再建されたんですよ。

これは18世紀に最初に造られたんですが、数年後に破壊されてしまって、19世紀にまた再建されましたけど、20世紀の中東戦争のときにまた壊されました。それが21世紀になって再度造られました。つまり3度目の正直です。

18世紀の有名なラビが、このシナゴーグが3度目に再建されたときに、**第3神殿——ユダヤ教の神殿——の建設が始まるだろうという予言をしていた**らしいんです。だから、ユダヤ人の間ではものすごく話題になったし、注目されています。

つまり、2010年に3度目の再建を果たしたということで、水面下では第3神殿を造るように、もう動きが始まっているんだろうといわれています。

飛鳥　最初はおそらくレプリカの三種の神器を使うかもしれませんね。だけど、その時は後で同時に天皇家に、返還してもらえないかとお願いをするんじゃないか。コーヘンだったらやりますよ。

久保　なるほど、もしそういう話になったらすごいですね。

飛鳥　どちらにしろなりますよ。

最後の天皇は、イエスが再臨するオリーブ山にアークと三種の神器を運ぶ役目を持つ

飛鳥　話は戻りますが、秦氏や物部氏、海部《あまべ》氏などのことを改めてお話しましょう。籠神社の宮司は、海部という姓ですね。

久保　そうです。

飛鳥　彼はもともと養子なんです。私の見解では、秦氏なんですが、養子に出された先が物部なんですよ。どういうことかというと、海部光彦宮司は、物部と秦氏の仲介者の立場だと思います。

籠神社は、もともと外宮のご神体を持っていた所だから、そこに天照のご神体が巡行して、あそこに1回鎮座したんですね。それで元伊勢、あるいは本当の伊勢神宮ということで本伊勢というんです。

実はそのときに、偶然とはいえ内宮と外宮ができちゃったわけですよ。その後、ずっと経ってから、五十鈴《いすず》川のほとりに伊勢神宮が建つんです。

そういう意味で、籠神社は、自分の所が本当の、一番古い伊勢神宮だと主張しているんですね。それと同時に物部でしょう。

裏伊勢が籠神社で、もう1つ、裏出雲というのがあります。物部ですね。これも籠神社だったとすれば、籠神社がキーパーソンなんですよ。

伊勢と出雲の2つをつなぐ仲人みたいなものでして、だから2013年は結婚式なんです。出雲大社と伊勢神宮が共に式年遷宮ですから。

出雲の方は大国主、別名スサノオです。伊勢は天照でしょう？　その仲介の労を取るのが籠神社なわけです。

今年は結婚式ですから、一気に神道が激変するのはこれからですよ。かなり激変します。

2007年10月22日、本殿改修に伴い、ご神体を仮殿に移す「仮殿遷座祭」をすでに行った熱田神宮は、すでに草薙剣を本来の所へ移譲する前段階を踏んでいることになります。次は、伊勢神宮の式年遷宮が行われ、2014年の伊雑宮の建て替えを待つだけです。

そうすると、大嘗祭を仕切っているのが下鴨神社ですからね。**下鴨、上賀茂だけど、本当は3社殿で、3つあるんです。**

あと、あの辺は、カラスのメッカなんですよ。八咫烏《やたがらす》系の。

これは皆さんほとんどご存知ないんですが、糺《ただす》の森というのがあって、そこから下鴨の方に歩いて行くと、左側に見落とすくらいに小さい神社があるんですよ。

これが本当の鴨神社なんです。本物は小さいんですよね。これも物部系なんです。

河合神社といいますが、これは歌にちゃんとあるんです。「カラス　なぜ鳴くの　カラスは山に可愛い七つの子が……」と歌われていますね。

可愛い子がなぜ7つかというと、7は聖数ですから。それで、かわいい、かわいい、と河合が出てきます。カラスが鳴くよと。

河合神社こそ本当のカモ神社か？

これも、嫌らしいくらい文科省が作っているんです。特に明治大正時代の歌というのは、とても深いんですね。
日の丸の歌だってそうですよ。国歌だって、「千代に八千代に……」の八千代は、8000年目ですから、アダムがエデンの園から追放されて現在が6000年目を超えた段階となり、もうすぐ7000年目の福千年に突入します。
それが終わった8000年目に、「最後の審判」が行われ、神のこの世の業がすべて終了することになるんです。そのことがちゃんと国歌に歌われています。

皆、預言の歌だと知らずに歌っているんですよ。恐ろしい国なんです、この国は。

ましてや日の丸というのは前に話した通り、フリーメイソンのマークで、コンパスと曲尺でできていますから。

もともと日の丸といったら、正方形に丸なんですよ。ピシッと4ヶ所が重なっているんです。これを作ったのは、架空の存在とはいえ聖徳太子だといわれています。だから聖徳太子は大工の祖ともいわれているんです。

大工と石工は同じですから、日本のメイソン（セム・メイソン）の祖は、聖徳太子ということなんです。

忌部《いんべ》というのは、要はその大嘗祭のときに着る死装束、麁服《あらたえ》を献上することができる唯一の人々なんですね。四国忌部氏といえば、三木家ですが、これまた3つの木ですよ。本当にもう駄洒落でできてるんじゃないかというくらいよくできています。

前にも言いましたが、その三木家は、北朝系天皇のときには、絶対に麁服を納めませんでした。だから、北朝系天皇は即位式はやったけれど、大嘗祭はできなかったんですよ。そして偽物のまま、ずっと幕末期の孝明天皇まで続くわけです。

ところが、北朝系天皇は殺されるんですよ。一説では、後醍醐天皇が吉野にこもったときの天皇家の末裔を、ずっと毛利家が預かっていたというんです。

毛利家のマークは3本の矢でしょう。また3が出てきました。これ、偶然じゃないですよ。それで、偽物の天皇を京都から長州に移し、殺して入れ替えるという計画があったんですが、それが失敗するんですよ。

大河ドラマでは詳しくやりませんが、蛤御門《はまぐりごもん》の戦いとかあってね。それで孝明天皇が気付くわけですよ。南朝の生き残りがいるということで、長州討伐を命令するんですが、大失敗したんです。

それで、あまりにも激しく攻撃するものですから、岩倉具視が先導して伊藤博文を連れてきて、孝明天皇が厠《かわや》から出るところを槍で突き殺したんです。

あのときの侍従医の記録にちゃんと載っています。槍で殺されたと、はっきり記録が残っているんです。

でもこれは、記録があっても天皇家のことだから、言ってはいけないことになっています。やった人間は伊藤博文でしょう、だから総理大臣になれたわけです。

その後、天皇を京都に置いておくのは面が割れるのでよくないということで、遠く東京へ連れて行くことになりました。しかし皇位を象徴する玉座、高御座《たかみくら》のある所が都ですから、当然、遷都宣言をしませんでした。

だから、前にも言った通り、本当の日本の首都はいまだに京都です。天皇陛下が今いるからという理由で東京が都になっているけれど、次の天皇陛下は京都へ戻ります。

毎日新聞が、去年スッパ抜きました。今年は一応、今上天皇陛下は東京に残りますが、あとは愛子様を含めていつまでも東京には置いておけないということです。

放射能の問題や、東京直下地震、富士山噴火と三重苦ですから。天皇家が絶えたら困るということで、京都御所へお移り願います。もう、これは決定したことなんですね。

だから、おもしろいですよ。リニアモーターカーは、最初は京都には停まらないはずだったんですよ。でも今後、京都は重要な場所になるかもしれませんから。

京都、大阪間はリニアモーターカーで1分ですよ。だから、大阪は駅として入っていても、京都は入っていなかったんですよ。そこへ急に、京都が保留という形で出てきたわけです。

ここに首都が遷るとなると、地価の問題とか、経済的にものすごく大きなインパクトとダメージがあるので、まだ言えないだけの話です。そのために準備していたのが、京都の冷泉家ですよ。ただの和歌を詠む集団ではないですから。

なぜ冷泉家は東京に付いていかなかったのかというと、いずれ戻ることがわかっていたからです。

京都のお年寄りは、「天皇はんは東京にお貸ししただけどす」とみんな言ってました、昔はね。「もうすぐ戻ってきはりますわ」と言っていましたが、その通りになるんですよ。

その天皇が、ラスト・エンペラーです。**その使命は大きくて、イエス・キリストが再臨するオリー**

ブ山にアークと三種の神器を運ぶ役目なんです。

担ぎ手は全部、伊勢神宮の氏子です。一子相伝ですから。伊勢神宮の中にレビたちがいます。だから、聖書は本当におもしろいですよ。第3神殿に座っている獣が、東から来る連中に向かって怒りを発したと書いてあります。

東から来る連中とは、極東から来るんです。地上を歩いてくるのか、亜空間を通るか、それは知りません。知りませんが、少なくとも次の天皇陛下は、アークを運び出す使命があります。聖書には天の神殿と書いてあるんですからね。天照は天ですから。

だから、アメリカ政府は伊勢神宮を急にテンプルと言い換えました。去年、急にですよ。計画通り動いているということはおそらく、イスラエルが求めている間は、天皇家は三種の神器は渡さないでしょうね。だって、自分たちが本物の直系イスラエルですから。

一方、イスラエルを治めているのはアシュケナージだといいます。ヤフェト（ヤペテ）系、セム系、ハム系と、ずっと系図があって、旧約聖書でアシュケナージというのはヤフェト系から3つ目くらいに出てくるんです。

要は、白人が改宗したユダヤ系のことですね。ユダヤ教徒ですから、ユダヤ人であることは間違いないですが、血統的にはイスラエル人ではないんです。

久保　アシュケナージは血統的にユダヤ人ではない、ヤペテ（白人）系だという説は、もともとアーサー・ケストラーが唱え、日本では宇野正美さんが広めましたが、これはすでに遺伝子学会では否定されています。アシュケナージとスファラディのＤＮＡの88％は、互いに共通しているのです。

だから彼らが同じ先祖を持つユダヤ人であることは明らかだと、遺伝学者たちは言っています。アシュケナージもスファラディも、同じくアブラハム、イサク、ヤコブの子孫です。彼らは西暦70年のエルサレム滅亡後の放浪時代に、違う地域に住んでいただけなんです。

三種の神器奪還作戦は失敗する

飛鳥　ノストラダムスの預言を見たらおもしろいですよ。この場所も書いてあるんです。天の至宝の場所は、女神の神殿の四隅の柱の中にあって、その場所は３つの重なりの地と書いてあります。**３つの重なる地といったら、三重県です。**恐ろしいですよ。

久保　伊勢神宮のある所ですか？

飛鳥　はい。３つの重なる地と書いてあるんです。それを盗みに、夜襲がかけられるというんですよ。

そこで、僕がアビハイルに伊勢神宮への突入の仕方を教えました。ここは自衛隊も守っていないので、夜、三種の神器が全部そろった後に入れば盗めるとね。さらに、伊勢湾に密かに潜水艦でいって上陸できますよとも言いました。

でもこれが、国賊的行為かと思ったら大間違いです。預言には、その策は失敗すると書いてあります。

なぜなら、神官たちの呪詛《じゅそ》をもって箱が火を噴くということなんです。仕方なく湾内に捨てますが、捨てた底から光が出て、その民族の正体が暴かれます。

久保　ノストラダムスの預言に出ているんですか？

飛鳥　はい、ノストラダムスです。僕は3つくらいのものをまとめて言っていますが。

久保　すごいですね。

飛鳥　この通りになったら、日本人はアークが引き上げられるところを見られるわけですよ。これは大変ですよ。

久保　映画になりそうですね。

飛鳥　でしょう？（笑）あくまでも、飛鳥流の解釈とプランをコーヘン氏に教えただけですが。コーヘン氏がその通りにするかどうかは知りません。でも失敗するとは彼に教えていません。

久保　教えた方がいいですよ。

飛鳥　でもね、出てきて初めて日本人が開眼しますからね。日本という国は、守れと言ったら徹底的に守るんですよ。

そのときには、外圧を使うのが一番いいんですよ。黒船を呼ぶのが一番いいんです。その通りになるかどうか分かりませんけど、もしなったとしたら、ああ、飛鳥が仕掛けたことだったと思ってください。あの悪いやつがやったなってね（笑）。

久保　あと、飛鳥さんは、「伊勢神宮の地下殿に十字架がある」と言っていましたね。外宮の地下殿には十字架があり、内宮の地下殿には蛇の像が3回半巻きついたハタザオがあるとも書かれてましたね。あの話はすごいですね。

飛鳥　実は青銅の蛇が巻き付いています。1回壊されているんですが、また造られたんですよ。どちらにしても、伊勢神宮には、よくいわれるキリストの聖骸布以外は、ほとんどそろっています。ただ、聖杯があるかどうかは私は知りません。

久保　地下殿に入って確かめるわけにはいかないんですか？

飛鳥　もうすでに、日本の経済界からも3人は入っています。入口まででですけどね。

伊勢神宮の、特に内宮は階段を上がっていくでしょう？　あそこは、全部石灰岩なんですよ。地下が鍾乳洞なんです。

久保　伊勢神宮の社に、大きな石畳がありますよね。あの下ですか？

飛鳥　真下です。

久保　入口はどこにあるんですか？

飛鳥　離れています。

ある建物があって、そこからしか入れません。だいぶ離れています。

それらは、式年遷宮でも移ることはありません。遷宮は上でやっていますが、あくまでも代わりのものを使用するんです。

だから、あのときに入れているものには、全部「代（わり）」という漢字が書いてあります。御船代とかね。代は代わりということですから。

英語のアークは、御船代の船という意味です。そこに、三種の神器の1つである鏡が入っています。

あの中にあるのは一応、鏡です。でも**本当の鏡は「十戒石板」**ですから、それは地下でやっています。

それも、20年後元に移します。アークは20年ごとに移さないといけないんです。

聖書にも書いてありますが、アークが20年間行方不明だったんです。その後、戻ってきたという記録があります。

異教徒は触れないので、リヤカーに乗せて戻ってくるんです。20年後と書いてあります。だから、遷宮の20年というのはそういう意味があるんですよ。

久保　その地下殿の十字架とか、T字型の十字架とか、蛇の絡んでいる姿とかの写真はありますか？

飛鳥　ありますよ。あるけど出せません。

久保　絵とかイラストはありませんか？

飛鳥　あります。その儀式を、天皇家はちゃんとやっています。

アマカスというのを使っています。アマカスというのはね、「天童」と書きます。日本の老人がよく言う「お天道様」とは、本当は天童様の意味なんです。

世継ぎが生まれると、木でできたアマカスというのを立てて、その前に口を開けている獅子と口を閉じている獅子を置くんです。これは、ソロモン神殿ですよ。

久保　狛犬がいるということですか？

飛鳥　そうです、ライオンです。ライオンはユダ族の紋章で、ユダ族から王の中の王、イエス・キリストが出てきます。

ヒトガタを十字架にした、天童（アマカス）

天皇家ではこれらを必ず置いて、その隣の部屋で弓をビーンと鳴らす儀式をやります。この儀式が重要で、アマカスの形がエジプトのアンク十字と一緒なんです。

アンク十字というのは、要は丸と十字で、「初めなり、終わりなり」を示しているんです。

久保　なるほど。アルファであり、オメガであるということですね。

飛鳥　それはイエス・キリストのことです。天皇家は象徴としてイエス・キリストの儀式をやっているんですね。

久保　それは外宮の方ですか？

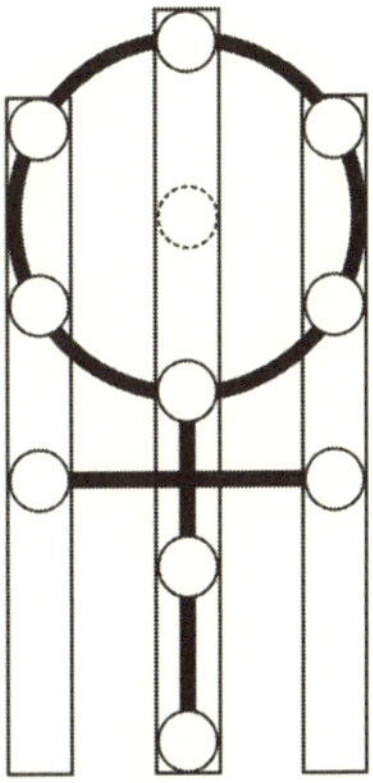

生命の樹（命の木）のセフィラ（球体）をつなぐと、アマカス（アンク十字）ができあがる

エジプトの護符「アンク十字」

飛鳥　皇居の中です。**大事なことは、イエス・キリストは実はT十字にかかったということです。**

ローマの時代の話なんですが、柱はもともと3本立っているんですよ。キリストが運んだのは、横木だけなんです。

電車でいえば枕木みたいなもので、けっこう重いです。それを運んで、持ち上げて柱の上にのせます。だから、T十字なんです。

だけど、ここに罪名板《ざいめいばん》というのが打ち込んであるんです。だから、見た目には十字でもおかしくはないです。

欽定訳聖書の最後の方に、パウロが旅したところの地図があるんですがね。キリスト時代のエルサレムの頃の鳥瞰図があるんですが、実はそこにT十字が存在します。

前にも話したヘロデ神殿ですね。横に出っ張りがあったから、T十字の形をしているんです。

ここに丸の部分があって、水が張ってあるところです。恐ろしいのは、このユダヤのT十字型の神殿の頭の方に行くと、前にも話しましたが、オリーブ山なんですよ。

ここに、キリストが再臨する場所があるんです。日本の神道でいうところの、磐座なんですね。神が降り立つ場所ですから。オリーブ山にキリストが降りると真っ二つに裂けて川ができるという話です。

このT十字の足元をずっと伸ばしていくと、十字架が立てられた場所、ゴルゴダに当たるという話もしましたね。そして、京都の平安京も、これとまったく同じ構造だったわけですね。

要は、**昔の陰陽師はちょうど南北にあった船岡山と神南備山に線を引いて、それを土台にして平安京を作ったんでしょう。**それで、頭の部分が船岡山になっているんです。

実はここに、最古のお稲荷さんがあるんです。京都というと伏見稲荷が有名だからそれが最古だと思ったら大間違いで、ここに元稲荷があるんですね。

この**元稲荷というのが怖くて、イエス・キリストの罪名板に書かれてあったラテン語と同じなんです。**

久保　ちょうど頭の部分に罪名板があるというわけですね。

飛鳥　そうなんですよ。

久保　すごいですね。

飛鳥　船岡山には、神が降臨するために準備されている場所があって、ここの磐座は私が知る限り一番大きくて、一番不気味で怖い。

そして朱雀大路から羅生門を越えて、ずっと伸びていたのが鳥羽作道というまっすぐな道なんですね。

山はだいたい三角ですよね。すると図のような平安京の姿になってくるんです。

三角の編み笠を被り、両手を開いて足を延ばし、そこから延びる長い棒のような道。コレ、かかしなんです。これは十字架にかかった人型です。

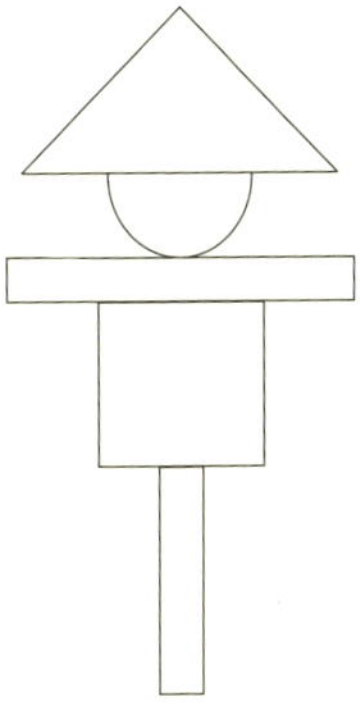

その証拠に、鳥羽作道をずっと行くとあるのが甘南備《かんなび》山、これは甘いという字を使っていますが、いろいろな字があるんですよ。神無備山と書く場合もありますね。

この甘南備山には、春夏秋冬いつ行ってもかかしがあるんですが、これは、エルサレムそのままですよ。

久保　かかしの起源は十字架ということですね？

飛鳥　そうです。だってかかしは十字架で、人が掛かってるじゃないですか。編み笠も三角形でしょう。これは父と子と聖霊です。

久保　じゃあ、京都の町の作りも十字架をモデルにしてあって、稲荷神社も山の所に置いたんですか。

飛鳥　ある意味、稲荷山ですよ。

久保　それを作ったのは、秦氏ということですか？

飛鳥　当然、秦氏です。だから、京都の太秦を作ったんです。

もっというと、T十字というのはもっと大きいですから。こうなんですよ、T十字って（左上の図を描く）。ここに昔、大内裏がありました。

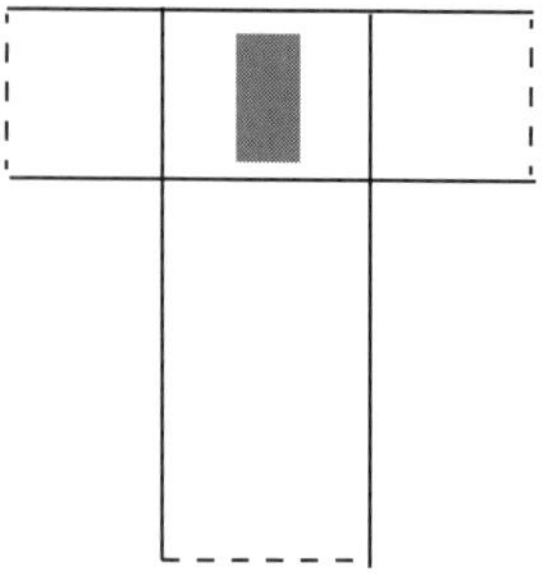

つまり**T十字は鳥居の似せ絵です**。これを全部つなげていくと、地上最大の地上絵ができ上がるんです。南北42キロの超弩級鳥居です。

久保　そうですね。

飛鳥　昔の人が、平安京開設当時を天空から見たら、巨大な隠し絵、鳥居が見えたんです。

久保　じゃあ、秦氏がそういう地上絵を作ったということなんですね。

飛鳥　そういうことです。

久保　それはすごいですね。

飛鳥　だからね、京都は碁盤《ごばん》の目の真似をして作ったなんてまったくでたらめです。何にも知らない学者たちが、後になって勝手に言っていることです。

もちろん、大内裏は応仁の乱や様々な戦争で、北中央から東へ移りましたけれどね。そこが京都御所になっています。

人型でいえば、頭部がちょうど船岡山でしょう？　だからここで神事を行うんですよ。この船岡山で神事を行ったんです。彼ら陰陽師はレビだったと考えてもいいでしょうね。

久保　なるほど。

飛鳥　レビはね、ここに石を３×４かな、配置したんですね。今でいえばエンゲージリングの元ですよね。何月生まれはこの宝石と。これから来ていますから。

ユダヤの祭司レビ族の服装。12支族の象徴の胸当てを当てる姿が特徴。

「十二の宝」を象徴しているのが、イスラエル祭司のレビ族の胸当てに嵌め込まれた12種類の宝石で、これは「イスラエル12支族」を象徴しています。

その由来は、「ヨハネの黙示録」に描かれる、新エルサレムの12の城門の土台を飾る宝石です。だから、ユダヤ人には宝石商が多いんです。

前掛けのようなレビの胸当てをエポデといい、その胸元の象徴が、平安京T十字の中央最上部にあった大内裏の配置となります。

実は大内裏に門がありましてね。その門で区切られた升目の数がちょうど3×4になるんです。それが12の宝石を飾ったエポデの配置と同じです。

また、陰陽師が九字《くじ》を切ると言いますよね。でも九字ということは十字を切ったと同じことなんです。九と十、奇数と偶数は一対だからです。

陰陽師の九字切りは３×４のエポデの区切り方をなぞって行いますが、これを「ドーマン」といいます。一方、「セーマン」があり、これが五芒星で五体を表すヒトガタになっています。

言い換えればこれが九字切りに対する十字切りで、九字を切った後に、向かって左下（ヒトガタの右わき腹）から一本の線で突き上げます。**これはロンギヌスの槍をイエス・キリストの脇から胸元にかけて突き刺した象徴です。**

それ以外では、そのまま十字を切るやり方があります。

あと京都に晴明神社があり、あそこの社紋は表は五芒星なんですが、裏は偶数の六芒星なんですね。六芒星はユダヤの象徴で、これは五と六が必ず合わさるということです。

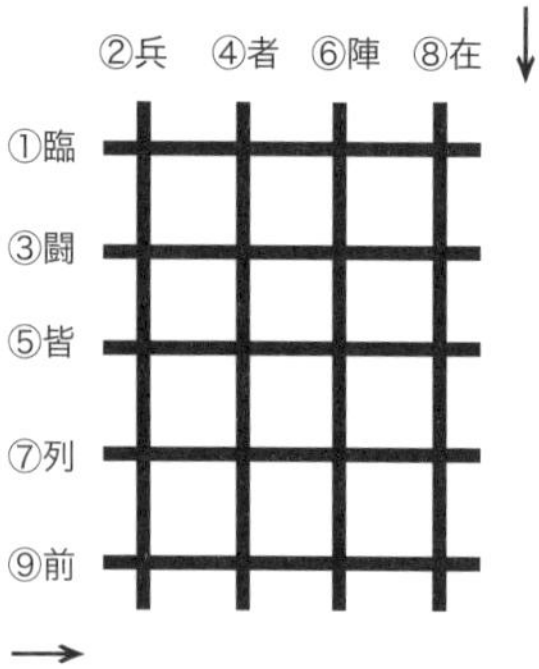

陰陽師の呪詛「九字切り」でできる升目は３×４の12升で、レビ族の胸当てと同じ構造になる。

同じように、九と十も奇数と偶数で合うんですね。だから、九字を切るというのは十字を切るということなんですね。これも前に話しましたが。
そういう意味では、もうまるまるユダヤですよ。それも、旧約と新約が一緒になっていますから、ますます見えにくくなっています。
久保　まあそういう面でも、秦氏はやっぱりキリスト教徒でした。また十支族の子孫でしたから、そういう発想だったんでしょうね。
飛鳥　そうです。だから、平安京は秦氏が造りました。秦氏がものすごい費用をかけて造ったんですよ。
近江商人その他を含めて全部秦氏です。もともとは秦河勝の敷地ですから。ある意味、秦河勝は天皇家です。聖徳太子の別名ですから。
久保　秦氏はびっくりするような知恵者でしたね。
飛鳥　恐ろしいほどです。

大避神社

天皇陛下にＤＮＡの検査をしていただければ、いろいろな謎が解ける

久保　赤穂の方に、大避《おおさけ》神社がありますね。秦河勝は、仏教徒に迫害されてあっちの方に逃げたんですよね。
あそこで死んで、そのちょっと沖合の島にお墓があります。もともとあそこは、秦氏が上陸した場所でもあるんです。
秦河勝は京都で迫害されるようになったときに、上陸した赤穂の地に戻って、そこで息を引き取ったんでしょうね。
飛鳥　あそこには12角形の井戸がありますね。
久保　井戸の中に12の長い石が埋め込まれているんですよね。
飛鳥　中国ではダビデを漢訳して「大闢」と書いた。そこから大避神社の「大避」という字をとったんでしょうね。だから、秦氏はダビデの一族ということです。
久保　もともとはダビデ神社ということだったんですね。その漢字が後で変化していっただけで、もともとはダビデ神社だった。太秦にも大酒神社というのがあります。
飛鳥　ありますね。
久保　漢字は違っていますが、同じ名前なんですよね。
飛鳥　映画村の隣にあるんですが、確か神仏分離政策に伴って、広隆寺境内から現社地へ遷座したと聞きましたよ。
久保　そうですか。

飛鳥　あそこで、前にも言った奇妙な祭があるんですよね。
久保　牛祭りね。
飛鳥　鬼が皆から罵詈雑言を浴びせられるんです。
久保　大酒神社の隣の広隆寺であるんですよね。
飛鳥　そうです。広隆寺だって、もともとあの場所にはなかったんですよ。それに、広隆寺は最初は広隆神社だったという話もあります。

牛祭りでは、わけのわからない祝詞が読み上げられます。あれはヘブライ語だといわれていますね。罵詈雑言を浴びせられるところは、イエス・キリストが十字架に掛かったときに、皆が罵詈雑言を浴びせたというところを思わせますね。

最後に祠の中にお隠れになることが死んだということになるんですが、奇妙奇天烈で、京都三大奇祭の1つといわれています。

久保　日本はやはり不思議な国ですね。古代イスラエル人的なものも、古代東方キリスト教徒的な風習もたくさん入り込んでいます。これは歴史の中で、日本が特別な役割を与えられているからだとしか思えません。**日本とイスラエルは、終末の時代にはものすごく中心的な役割を果たすだろうと考えるユダヤ人は、僕の知っている中にもけっこう多いんですよ。**

もちろん、アメリカも役割を果たすだろうし、ロシアも大きなことをするかもしれないけれど、やっぱり最終的に、日本とイスラエルはシルクロードの両端で1つのつながりをもって、最も大きなことをするだろうと考える人は多いですね。

聖書の中にも、ユダの杖と、エフライムの杖が継ぎ合わされて1つの杖になる、つまり王国が1つになるという預言があるんです。杖というのは王権を指します。王様は杖を持っているでしょう？　そういう預言の成就に向かっていくだろうと考える人が多いんですよね。

飛鳥　もう1つ、よく血族といわれますね。例えばエフライム。要はイスラエルの10人プラスレビとしましょうか。

昔は、家と家が結婚していたんです。「屋根の上のヴァイオリン弾き」という映画でもわかりますが、必ず仲人が出てきてね。

あれは、日本の習慣と一緒なんですよ。もっというと、どちらの血が濃いか、つまりDNAによって一族がどこか、決まるわけです。

でも、本当は女性がどちらの種族かによって大きく変わるんですね。ややこしいから言っておきますと、10支族、12支族といっても結局は同じヘブライですから。

どちらの血が濃いか。天皇家も間違いなくヘブライ中のヘブライなんですが、その中にエフライムの血が入っていても全然おかしくありません。要は同じ選民で、契約の民なんですから。

その中でも特に元があって、そこはレビかもしれないし、ガドかもしれない。でも、ガドだけということだと、計画がぶれたときは大変なことになってしまいます。

同じヘブライの中でも、天皇家だけは別格かもしれませんね。天皇陛下の一番の仕事は神事なんです。ヘブライ的にいうと、レビ以外は神事ができませんから、消去法でいくと、レビしかないという論法になります。他の人間が神殿で儀式をやったら焼き殺されるんですからね。

だから、天皇陛下は神事をやっている以上、レビの可能性が極めて高い、と僕は思います。

久保　天皇陛下にぜひ、ＤＮＡの検査をしていただきたいですね。

前にも話しましたが、僕は「ファミリーツリーＤＮＡ」というアメリカの団体でＤＮＡの検査をしてもらいました。サンプルを送ると、ＤＮＡを半永久的に保存してくれるんですよ。

将来、ＤＮＡの分析技術が発達したら、さらに細かく調べてくれます。自分専用のログイン・サイトで教えてくれるんです。誰がＤＮＡ上で近い人だったか、とかもね。

だから、天皇陛下も検査をしていただければ、将来ひょっとしたら、さらになにか謎が解けていくかもしれません。

飛鳥　そうとう濃い原種、プロトタイプ的なものかもしれませんね。

久保　おもしろいことがわかるかもしれません。

飛鳥　明治天皇ですり替わって、以後は南朝が続いていますからね。いずれにせよ正統です。

あとがき

久保有政

飛鳥昭雄さんとの対談は実に楽しいものだった。

古代日本とイスラエル、古代日本と東方キリスト教のつながり等について、これほどよく調べ、知っている研究者は、ほかにはいないのではないかと思う。

飛鳥さんとの付き合いは、もう20年近くになるが、会うたびに彼の研究が深みと広がりを帯びてきているのを見て、驚くと共に楽しくなる。そう思うのは私だけではないだろう。漫画家のその風貌からは予想もつかないような革新的な研究が、毎回その口から飛び出てくる。

特に京都の街の造りが十字架を基本にしていることや、籠神社のご神体がマナの壺であること、伊勢神宮の地下殿の十字架や、同じく伊勢にある青銅の蛇のからまったハタザオの話、三種の神器がすべていずれ伊勢にそろう時が来る、その他、すごい情報を次々に発表していて、刺激と興味は尽きない。「駄洒落に古代イスラエルと日本の関係が隠されている」という言い回しも、飛鳥さんならではだ。

ほかにも飛鳥さんの話題は、いろいろに広がっていく。ときには飛鳥さんの言っていることと私の考えには違いもある。でもそんなことはいい。

僕らは言ってみれば、ユダヤ人みたいな関係だ。ユダヤ人は「2人集まれば3つの政党ができる」といわれるくらい、様々な説が飛び出るのが当たり前と思っている人々である。いろいろな説をぶつけ合うことで、さらに深みのある考えに至ることができるのだ。

飛鳥さんと私は、一緒になって様々なユダヤ人に会い、いろいろ日本の風習や古代史のことを話し合った仲間でもある。一緒にラビ・トケイヤーや、ラビ・アビハイルと会って、彼らといろいろ議論をしたものだ。そのたびに、まだまだこの日本という国には驚くような秘密が隠されている、といつも感じさせられた。

これからも飛鳥さんが、この日本という国に新風を吹き込んで、私たちの目を覚ましてくれることを祈っている。

飛鳥 昭雄（あすか あきお）
1950年大阪府藤井寺市生まれ。
漫画家・サイエンス・エンターテイナー。出版、TV、ラジオ、ネット、ソーシャルネットワークで活躍するほか、TVゲームやオンラインゲーム、小説（別名）にも携わっている。現在までミステリーを記した書物は100冊を超え、主著に学研の『ムー』を中心に、「ネオパラダイムASKAシリーズ」（学研・共著）、「超知シリーズ」（徳間書店）、「飛鳥昭雄ミステリー大全シリーズ」（工学社）、「超☆はらはらシリーズ」（ヒカルランド）などがある。

久保 有政（くぼ ありまさ）
1955年、兵庫県伊丹の生まれ。レムナント出版代表、日本イスラエル親善協会理事、神戸平和研究所理事、民福協理事、聖書と日本フォーラム講師。ユダヤ解説家、聖書解説家等として活躍。古代日本とユダヤの関わりや、聖書のわかりやすい解説で定評がある。22年間にわたり聖書解説誌『月刊レムナント』の主筆を務めたほか、多くの執筆・講演活動を行っている。
著書に、『日本ユダヤ封印の古代史２』（徳間書店）、『日本とユダヤ運命の遺伝子』『日本の中のユダヤ文化』『神道の中のユダヤ文化』（以上、学研）、訳書に『日本ユダヤ封印の古代史』（ラビ・M・トケイヤー著）、『日本書紀と日本語のユダヤ起源』（ヨセフ・アイデルバーグ著　以上、徳間書店）、その他多数。
聖書、創造科学、比較宗教、死後の世界等に関する本は、アメリカ、韓国、台湾、中国等でも翻訳され、好評を博している。最近ではテレビ東京系列の番組「新説!?　日本ミステリー」等にも出演、聖書解説者としても活躍している。

◎ 編集協力　高橋清貴

◎ 図版提供＝飛鳥昭雄氏／久保有政氏／高橋清貴

天皇家《てんのうけ》とユダヤ
失《うしな》われた古代史《こだいし》とアルマゲドン

飛鳥《あすか》 昭雄《あきお》　久保《くぼ》 有政《ありまさ》

明窓出版

平成二五年十月二十日初刷発行
発行者 ―― 増本 利博
発行所 ―― 明窓出版株式会社
〒一六四―〇〇一二
東京都中野区本町六―二七―一三
電話　（〇三）三三八〇―八三〇三
ＦＡＸ　（〇三）三三八〇―六四二四
振替　〇〇一六〇―一―一九二七六六
印刷所 ―― シナノ印刷株式会社

落丁・乱丁はお取り替えいたします。
定価はカバーに表示してあります。
2013 © Akio Aska, Arimasa Kubo
Printed in Japan

ISBN978-4-89634-333-5
ホームページ http://meisou.com

新説　2012年　地球人類進化論

白　峰・中丸　薫共著

地球にとって大切な一つの「鐘」が鳴る「時」2012年。

この星始まって以来の、一大イベントが起こる！！

太陽系の新しい進化に伴い、天（宇宙）と、地（地球）と、地底（テロス）が繋がり、最終ユートピアが建設されようとしている。

未知との遭遇、宇宙意識とのコミュニケーションの後、国連に変わって世界をリードするのは一体……？

そして三つの封印が解かれる時、ライトワーカー・日本人の集合意識が世界を変える！


闇の権力の今／オリンピアンによって進められる人口問題解決法とは／ＩＭＦの真の計画／２０１２年までのプログラム／光の体験により得られた真実／日本人としてこれから準備できる事／９１１、アメリカ政府は何をしたのか／宇宙連合と共に作る地球の未来／縁は過去世から繋がっている／光の叡智　ジャパン「ＡＺ」オンリーワン／国家間のパワーバランスとは／サナンダ（キリスト意識）のＡＺ／五色人と光の一族／これからの世界戦略のテーマ／輝く光の命～日本の天命を知る／２０１２年以降に始まる多次元の世界／サイデンスティッカー博士の遺言／その時までにすべき事／オスカー・マゴッチのＵＦＯの旅／地底に住む人々／心の設計図を開く／松下幸之助氏の過去世／魂の先祖といわれる兄弟たち／タイムマシンとウイングメーカー／その時は必然に訪れる（他重要情報多数）　定価2000円

エデンの神々

陰謀論を超えた、神話・歴史のダークサイド

ウイリアム　ブラムリー著　南山　宏訳

歴史の闇の部分を、肝をつぶすようなジェットコースターで突っ走る。ふと、聖書に興味を持ったごく常識的なアメリカの弁護士が知らず知らず連れて行かれた驚天動地の世界。
本書の著者であり、研究家でもあるウイリアム・ブラムリーは、人類の戦争の歴史を研究しながら、地球外の第三者の巧みな操作と考えられる大量の証拠を集めていました。「いさぎよく認めるが、調査を始めた時点の私には、結果として見出しそうな真実に対する予断があった。人類の暴力の歴史における第三者のさまざまな影響に共通するのは、利得が動機にちがいないと思っていたのだ。ところが、私がたどり着いたのは、意外にも……」

(本文中の数々のキーワード) シュメール、エンキ、古代メソポタミア文明、アブダクション、スネーク教団、ミステリースクール、シナイ山、マキアヴェリ的手法、フリーメーソン、メルキゼデク、アーリアニズム、ヴェーダ文献、ヒンドゥー転生信仰、マヴェリック宗教、サーンキヤの教義、黙示録、予言者ゾロアスター、エドガー・ケーシー、ベツレヘムの星、エッセネ派、ムハンマド、天使ガブリエル、ホスピタル騎士団とテンプル騎士団、アサシン派、マインドコントロール、マヤ文化、ポポル・ブフ、イルミナティと薔薇十字団、イングランド銀行、キング・ラット、怪人サンジェルマン伯爵、I　AM運動、ロートシルト、アジャン・プロヴォカテール、KGB、ビルダーバーグ、エゼキエル、IMF、ジョン・F・ケネディ、意識ユニット／他多数　　　定価2730円

人類が変容する日

エハン・デラヴィ

意識研究家エハン・デラヴィが、今伝えておきたい事実がある。
宇宙創造知性デザイナーインテリジェンスに迫る！

宇宙を巡礼し、ロゴスと知る——わたしたちの壮大な冒険はすでに始まっている。取り返しがきかないほど変化する時——イベントホライゾンを迎えるために、より現実的に脳と心をリセットする方法とは？　そして、この宇宙を設計したインテリジェント・デザインに秘められた可能性とは？　人体を構成する数十兆の細胞はすでに、変容を開始している。

第一章　EPIGENETICS《エピジェネティクス》

「CELL」とは？／「WAR ON TERROR」——「テロとの戦い」／テンション（緊張）のエスカレート、チェスゲームとしてのイベント／ＤＮＡの「進化の旅」／エピジェネティクスとホピの教え／ラマルク——とてつもなくハイレベルな進化論のパイオニア／ニコラ・テスラのフリーエネルギー的発想とは？／陽と陰——日本人の精神の大切さ／コンシャス・エボリューション——意識的進化の時代の到来／人間をデザインした知性的存在とは？／人類は宇宙で進化した——パンスペルミア説とは？／なぜ人間だけが壊れたＤＮＡを持っているのか？／そのプログラムは、３次元のためにあるのではない／自分の細胞をプログラミングするとは？／グノーシス派は知っていた——マトリックスの世界を作ったフェイクの神／進化の頂上からの変容（メタモルフォーゼ）他

定価1575円

大麻草解体新書

大麻草検証委員会編

被災地の土地浄化、鬱病やさまざまな難病の特効薬、石油に代わる優良エネルギー、食品としての栄養価の高さ、etc. 今、まさに必要な大麻草について、誰にでも分かりやすく、とても読みやすくまとめられた１冊。戦後、アメリカに押しつけられた大麻取締法という悪法から私たち日本の国草を、いかに取り戻せるかをおおぜいの有識者と考える。

(読者からの感想文) 本書のタイトルから受ける第一印象は、ちと堅すぎる。しかし、大麻草に関する多彩な論客などがはじめて揃い、国民会議なる集まりが持たれ、その内容を漏らすことなく、著書として出版されたことは、極めて画期的なことと評価したい。つまり、本書では、有史以来、大麻草が普段の生活において、物心両面に果たしてきた有効性を、戦後は封印されてきたとされ、人間の諸活動にはあらゆる面で本来的に有用と論じている。われわれは、意識・無意識を問わず、大麻草は悪いものと刷りこまれてきたんだ。これでは、余りに大麻草がかわいそう。なぜ、そのようになってしまったのか、を理解する前に、まず本書part２あたりから、読み始めてはどうだろう。また高校生による麻の取り組みは、これからの国造りを期待してしまいそう。戦後におけるモノ・カネに偏り過ぎた国家のあり方を、大麻草が解体していく起爆剤となりうること、それで解体新書なのだろう。必読をお薦めしたい。　定価1500円

サイキックアーマー Psychic Armor

あなたの幸運を蝕む未知なる侵略者を駆除して
幸福を実現するための３つの処方箋とは　小泉空弦

Psychic Armorとは霊体の鎧という意味です。武将や騎士が戦場に出かける時に身に着けるあの鎧です。これを肉体ではなく目に見えない霊体を守るために身に着けようというのですから誰かが作ってくれた物をお金で買えるはずはありません。本書では、一般には知られていない心の侵略者について詳述し、サイキックアーマーを強化して心の免疫力をアップするのための具体的なトレーニング方法も紹介しています。（トレーニングを助けるのに最も効果のある、瞑想音楽の超高音質ＣＤ付き）

（アマゾンレビューより）この中で登場する聖なる存在とはきっと神もしくは高次元の生命体なのでしょう。それは著者が何かの真実追究に対して熱意を持って疑問を投げかけた時にのみ神秘体験のプロセスやメッセージで明確な返答をするという霊的進化のガイドとして登場するようです。これは同じ明窓出版の書籍「エデンの神々」で解説されている古典的宗教の歴史に登場する神のように一方的な預言や恐怖のお告げで支配するような残酷で無慈悲な存在とは全く異なります。もし両者が進化した宇宙人と仮定するならDNAが全く違う種族なのでしょう。

霊的な浄化とは古い集合意識の概念からも開放され、あらゆる状況における真実の追究こそが覚醒プロセス（悟り）のための必要条件である事を実感させてくれます。そのための道しるべと技法を提供してくれる効率良い内容です。　定価2940円

地球維新　解体珍書

白峰・鹿児島ＵＦＯ共著

天下国家風水師・TOPサイキッカー・温泉風水評論家・各界の裏重鎮である白峰氏と、精神世界のジャンルで日本ランキング２位をとるブロガー鹿児島UFO氏がマヤ暦・UFO・陰謀論・宇宙人・政治・経済・歴史・医療・食料・エネルギー・東日本大震災の意味と復興・今後の大変動など、常識に囚われず、その本質と対策を、分かりやすく語る。本書はすでに、裏の真実を知って先行している方々と、周りの大事な方々（家族・親戚・友人・同僚など）との分断を埋める絶好の本です！

学校やマスコミが教えない「本当の古代史」／日本政府大激震！「ＵＦＯは確実に存在する?!」11人の現役・ＯＢ自衛官の証言／「経営」と「企業」と「リストラ」その根底に「魂の立ち上げ」／「イルミナティ」と「天使と悪魔」→人間＝「光」なり！／最奥秘伝「メビウスの輪と宇宙と人間の超秘密」／マヤ神殿とマヤ暦は、マル秘「人類進化のタイムスケジュール」／風水学と四神と祓戸大神／神聖遺伝子ＹＡＰと水素水／地球霊王、日本列島に現る！／日本超再生「不沈空母化計画」超重要提案！／究極奥義とは……超仰天の遷都計画～地球再生！／大提言　年号大権とアセンション～ミロクの世／（他重要情報多数）

定価1600円

地球維新　黄金神起　封印解説

監督脚本／中今悠天　作者／天声会議

中今氏渾身の意欲作。「求めよ、さらば封印は解かれん!」
誰もが知る、あの超有名アニメや特撮ヒーローには、隠された暗号が存在している。黄金神起の封印はいま紐解かれ、月の裏側の謎に迫る。数々の物語に散りばめられたエピソードは、フィクションか？　あるいは事実なのか? 暗号を読み解いた時、あなたの現実は音をたてて崩れ去り黄金人類の扉が開かれゆく。

（アマゾンレビュー）未だかつてないほど深い日本の裏側が描かれていて驚きました。日本のB層には理解されにくい、国家や経営のトップ、裏社会に精通している人が読めば思わずニヤリとするでしょう。月の裏側の秘密、琵琶湖の秘密、フリーエネルギーの原理、八咫烏の真相など、ここまで書いても出版できるのかと思いました。また後半はがらりと変わって、日本人なら誰でも知っているウルトラマン、仮面ライダー、特撮映画、アニメ等の、アカデミックな世界からは娯楽やサブカルと低く見られていたものの中に、実は世界に冠たる日本の神々の計画が動いていたことが暴露されています。あの、子供時代にみたマンガやヒーローが実は神の計画でクリエーターたちが作らされてきたという証拠が色々と明かされている。最初はまさかと思ったが、ここまで証拠や符合が多いと信じたくなってきました。神になぞらえたロボットアニメなどに、こんなにも細かな仕掛けがされていたとは正直考えもしなかった。きっと、とんでもなく壮大な計画だったのだろうと思います。　定価2000円

卑弥呼の孫トヨはアマテラスだった

～禁断の秘史ついに開く～　　伴　とし子

国宝『海部氏系図』（籠神社所蔵）の謎がついに明かされる！　宮司海部氏お墨付きの必読書。

昨今「正史は欺瞞だらけだ」と言う人はたくさんいる。しかしその根拠はというと……？？　この本はそれに見事に答えている。あなたは「国宝」というものの重さをどれほど分かっているだろうか。重要文化財などは、１３人ほどの審査委員のおおよそ３分の１のメンバーが挙手をすれば「重文指定」となる。ところが、国宝となるとそうはいかない。審査委員すべてが挙手をしなければ「国宝指定」とならず、２度と「国宝審査」の土俵に上がることすらできない。専門家のすべてが「本物である」と認めた籠神社に代々伝わる系図を読み込み、寝食を忘れるほどに打ち込んで書き上げたのが本書だ。何千年のマインドコントロールから目覚める時期がやっと来た！

全国の『風土記』はどこに消えたのか／国宝『海部氏系図』～皇室とは祖神において兄弟／極秘をもって永世相伝せよ／日本と名付けたニギハヤヒ／天孫降臨と選ばれた皇位継承者／ヤマトに入った倭宿祢命／香具山の土はなぜ霊力があるのか／蚕の社に元糺の池／垂仁天皇と狭穂彦狭穂姫兄妹の恋物語／アマテラスは男神か／アマテル神とは火明命か／なぜ伊勢にアマテラスは祀られたのか／伊勢神宮の外宮先祭をとく鍵は丹後

定価1680円

ホーリープラント ～聖なる暮らし

益戸育江

今注目のナチュラリスト、益戸育江（旧名 高樹沙耶）が
今や国民的ドラマとなる『相棒』降板から、大麻草との向き合い方、自身の半生、311以降の生き方まで、すべてを真正面から、嘘偽りなく書き綴る。

第一章　美しく生きる
　私の事を少し
　自然回帰へのターニングポイント
　地球の上に暮らす
　病
　１３人のグランドマザー
　免疫力を上げてサバイバルに勝ち抜こう！！
　幸せの食卓
　ヨガリ！
　美しく生きる
　虹の豆

第二章　大麻草のある暮らし
　カミングアウト！？
　日本の常識　世界の常識
　長寿の村へ
　（他一章）

定価1575円